これから の リーダーシップ

基本・最新理論から実践事例まで

堀尾志保／舘野泰一

日本能率協会マネジメントセンター

はじめに

「リーダーシップ」という言葉を聞いて、真っ先に思い浮かぶ人物は誰でしょうか。アメリカ公民権運動の指導者であるキング牧師、非暴力でインド独立を導いたマハトマ・ガンジー、アマゾン・ドット・コムを率いるジェフ・ベゾス…など、人それぞれに思い浮かぶ人物は様々でしょう。

時代によりリーダーの代名詞は変わりますが、洋の東西を問わず、人々を率いるリーダーのあり方は関心を持たれ続けてきました。本書は、「最も研究されているけれども、最も解明が進んでいない領域」（Bennis & Nanus, 1985）ともいわれるリーダーシップ論に関し、これまでの研究の転換点、最新の研究潮流と合わせて、リーダーシップの発揮・教育に向けた具体的な実践方法について紹介していきます。

本書は、具体的には以下の方々のために書かれた本です。

・組織の管理職
・管理職を選抜・育成する立場にある人事・教育担当者
・リーダーとして、リーダーシップを発揮する立場にある人
・公式の役割は担っていないが、目的の実現に向けて、リーダーシップの発揮を目指す人
・リーダーシップ理論の基本と新潮流を学びたい人

リーダーシップに関係のある立場の方であれば、ビジネスパーソン、学生を問わず活用できる内容になっています。

リーダーシップというと、経営者や政治家などのごく一部の人だけに関係のあることだと思っている人もなかにはいるかもしれませ

ん。しかし、何かの目的をもって人が集まれば、必ず、まとめ役や、影響力を発揮する人が必要になります。それは、公式な役職に就いているかどうかとは関係がありません。リーダーシップは、特別な立場にある人のためだけのものではなく、誰にも関係があり、役立てていけるものなのです。

さて、ではリーダーシップとはいかにあるべきでしょうか。その考え方は、これまで時代や経営環境の影響を多分に受け、変遷してきました。リーダーシップ研究の転換点を概観することは、リーダーシップの本質や新たな時代に求められるリーダーのあり方を考えるうえでたくさんの示唆を与えてくれます。

一方、リーダーシップの発揮に向けては、理論をアタマで学ぶだけではなく、実際に経験し、カラダで学ぶプロセスも欠かせません。どんなに優れた人でも一朝一夕にリーダーシップを発揮できるようにはなりません。練習を重ね、試行錯誤し、自分や自分のチームにフィットするやり方を学び続けることで、はじめて効果的なリーダーシップを発揮できるようになります。

そして、経験を積む前提として、先人たちの研究成果である「理論」を知っておくことは大変に意義があります。なぜなら、皆さんが直接会って、話すことができるリーダーの数には限りがあるからです。優れたリーダーと直接接し、○○さん流のノウハウを学ぶこともとても有用ですが、直接接することができる人からの学びだけでは、偏った学びになってしまうこともあります。

リーダーシップ理論の全体像を理解していれば、チームや組織における活動のなかで様々な出来事に遭遇した際、複数の理論と照合して、役立つものを選び取ることができます。理論は、「勉強」のためにあるのではなく、「実践」に活かしてこそ意味があります。

以下、本書の概要を説明します。本書は、2部構成になっています。第1部は、「理論編」です。第1章では、リーダーシップ研究のこれまでの変遷を確認し、第2章では、リーダーシップ研究の新たな潮流について解説していきます。

　第2部は「実践編」です。第3章では、企業や大学でリーダーシップ教育を設計・評価する方法を解説し、第4章では、リーダーシップ教育やリーダーシップ発揮について、企業・大学・個人の実際の事例を紹介します。

■本書の構成

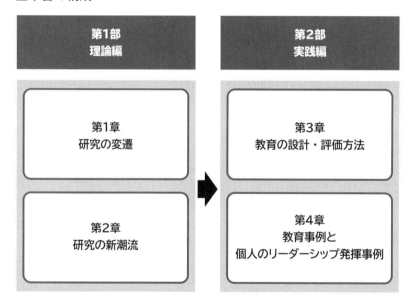

　皆さんご自身、また皆さんが属するチームや組織にあてはめながら読み進めていきましょう。本書が、皆さんの、そして皆さんの周囲の人々のリーダーシップ開発のきっかけとなれば、これほど嬉しいことはありません。

著者一同

目 次

第1部 理論編

第1章 リーダーシップ研究の変遷

第2章 リーダーシップ研究の新潮流

第**4**章 **事例紹介**

.

第 **1** 部

理論編

第1章

リーダーシップ研究の変遷

1

リーダーシップ研究の転換点

人事部への突然の異動

　大学を卒業し、中堅の食品メーカーに就職した山田さん。入社以来10年間、ずっと営業畑を歩いてきました。最初のうちは商談トークもままならず、先輩に怒られてばかりの日々でしたが、入社5年目を迎える頃には、徐々に頭角をあらわしはじめます。そして、入社7年目には、優れた販売実績を上げた社員に贈られる社長賞を受賞し、社内でも指折り数えられる優秀な営業担当へと成長しました。

　「そろそろ俺も、営業課長に昇進するころかな…」と期待をもちはじめていた10年目。山田さんは急に社長室に呼び出されます。

社長「あぁ、山田さん。最近、調子はどうかな？　まぁ、座って、座って」

山田「はい！（遂に営業課長昇進の辞令だ！）」

社長「わが社は、これから更に規模を拡大させていきたいと考えていてね」

山田「はい！（やっぱり、営業課長へ昇進だ！）」

社長「ついては、リーダーシップを発揮して会社を牽引する人材を増やしていきたいんだ。山田さんは、営業成績も申

し分ないし、現場のことをよくわかっている。そこで、どうだろう。人事部に異動して、これからのわが社のリーダー人材育成に貢献してくれないかな」

山田「え？？　私がですか？（じ、人事部？　俺が？）」

社長「やってくれるね」

山田「は、は、はい…（営業ならともかく、人事部でリーダーシップ教育なんて一体何から勉強したらいいんだろう…）」

期待しているよ！

「リーダーシップ」。日頃よく耳にする言葉ではありますが、それが何であるのかと改めて問われると答えに窮してしまう人は少なくないかもしれません。

　「どのような人材がリーダーとしてふさわしいのか」「どのような状態ならばリーダーシップを発揮しているといえるのか」「リーダーシップを発揮できる優れた人材はどうしたら育成することができるのか」、こうした問いは、実は、紀元前の昔から繰り返されてきた問いでもあります。なぜなら、人が何かの目的をもって集まるところには、必ずそのまとめ役やリーダー役が必要となるからです。

　こうした問いに答えるべく、これまでに様々なリーダーシップ研究が行われてきました。リーダーシップ研究の変遷は、大きくは、5つの流れで区分することができます（House & Aditya, 1997）。5つの流れとは、①特性理論、②行動理論、③状況適合理論（コンティンジェンシー理論）、④交換理論、⑤変革型リーダーシップ理論です。そして、今、新たなリーダーシップ理論の潮流も芽生えはじめています。

　古い理論が、現在では使えないということではありません。現在でも立派に機能する理論は数多くあります。場面に応じて、使える理論を活用し、自身の状況と照合できるようになると、リーダーシップを発揮する際に役立てることができます。本節ではまず、代表的な理論の流れとポイントを概観していきましょう。

①識者による偉人伝から始まった
　特性理論

　最初のリーダーシップ研究は、紀元前にさかのぼります。国を率いる政治家や軍人など、いわゆる偉人といわれる人材に共通する

「特性」について、思想家や哲学者が、自身の見解を述べたところからリーダーシップ研究ははじまりました。そこで主流を占めていたのは、「優れたリーダーには共通する特性がある」という考え方でした。このようにリーダーの「特性」に着目した理論は「特性理論」と分類されています。

②リーダーの「行動」に着目した
　行動理論

リーダーの「特性」に着目する流れは、20世紀に入り、心理学者らが科学的に人間の能力差を測定できるようになると徐々に衰退します。なぜなら、優れたリーダーシップを「特性」が説明できる割合は限定的であることがわかってきたからです。次に、研究者たちが着目したのはリーダーの「行動」でした。第二次世界大戦後は、軍や国家のためだけではなく、産業面の活性化のためにも多くのリーダーが必要とされていました。こうした背景もあり、企業でリーダー役を担うことになった多くの人材に望ましい行動を示すことができるよう、1940年代から60年代までは、優れたリーダー人材の「行動」に着目した研究が数多くなされました。

優れたリーダーの行動面に着目した理論は「行動理論」と呼ばれています。

③「状況」に着目した
　状況適合理論（コンティンジェンシー理論）

「行動」の次に研究者たちが関心を寄せたのは、リーダーを取り巻く「状況」です。リーダーが、必要とされる「行動」を実践でき

ていても、うまく機能するケースと、そうでないケースが見られるようになったからです。「行動」が伴っていても、うまくいくケースとうまくいかないケースがあるのは、リーダーが置かれている「状況」に違いがあるからだ、と考えられるようになりました。そして、1960年代から1970年代にかけては、こうした「状況」の違いに着目した研究が増えていきました。これを「状況適合理論」と呼びます。「コンティンジェンシー理論」「条件適合理論」と呼ばれることもあります。

④リーダーとメンバーの「交換関係」に着目した 交換理論

1970年代に入ると、リーダーシップは、リーダー個人のものではなく、リーダーとメンバーの間に交換されるものがあるからこそ生じるものだ、という発想がなされるようになりました。リーダー個人だけに着目するのではなく、「リーダーとメンバー間の関係性」に着目されるようになったのです。リーダーシップは、リーダーシップを発揮する対象がいるからこそ成立するものです。よって、リーダー個人の特徴だけではなく、リーダーとメンバーの関係性へと視点が移っていきました。リーダーとメンバーの交換関係に着目したこうした理論は、「交換理論」または「交流型リーダーシップ理論」と呼ばれています。

⑤組織を「変革」できる経営トップの特徴に迫った 変革型リーダーシップ理論

1980年代に入ると、アメリカ経済は膨大な貿易赤字と財政赤字に

直面します。いわゆる「双子の赤字」です。経営環境が激変し、多くの企業が、従来のように決められたことを決められたやり方で行うだけでは持続的な成長を見込めなくなりました。そこで注目を集めたのが、組織変革を推進できる経営トップの強力なリーダーシップでした。「変革を成し遂げるリーダーの特徴」を明らかにすることを試みたこうした理論を「変革型リーダーシップ理論」と呼びます。

　第1部 第1章では、特性理論、行動理論、状況適合理論（コンティンジェンシー理論）、交換理論、変革型リーダーシップ理論における代表的な研究や理論を順に学んでいきます。

人事部への突然の異動

　営業部門から突然に人事部へと異動となった山田さん。
「リーダー人材の育成」という命を社長から受け、何から学
んだらいいかとすっかり戸惑っていましたが、リーダーシップ
研究には、基本として押さえておくべき5つの大きな流れがあ
ることがわかりました。

　時代ごとの歴史的な影響を受けながら、特性理論、行動理論、
交換理論、状況適合理論（コンティンジェンシー理論）、変革
型リーダーシップ理論と、様々な着目ポイントをもつ理論が生
まれていました。そして、まだまだ新たな視点をもつリーダー
シップ研究も進んでいます。

　リーダーシップとは、それだけ人々の関心を集めるテーマであり、その本質を捉えるためには、複雑に絡み合った様々な視点をあわせもつことが必要といえそうです。

　まずは、基本として、リーダーシップ研究の大きな転換点を意識し、次節から、各理論の詳細について学んでいきましょう。

2 識者による偉人伝からはじまった特性理論

リーダーシップは生まれつき?!

慣れ親しんだ営業部門から、突然の辞令で人事部へと異動することになった山田さん。右も左もわからないなか、異動先での仕事を何とか覚えようと日々奮闘中です。今日は、山田さんを心配した同期の野村さんが、山田さんを飲みに誘ってくれました。

野村「で、どうなの、人事部？　何とかやっていけそう？」

山田「まだ、何が何だかわからないというのが実態かな。目の前の仕事を覚えるので精一杯でさ。でも、社長からは、山田さんのリーダーシップ教育の企画、期待しているよ！　って会うたびに声をかけられるし…。もう正直、胃が痛いよ…」

野村「へー、リーダーシップねぇ」

山田「リーダーシップなんていわれてもさ、どこから手をつけていいかわからなくてさ。野村は、リーダーシップっていったら誰が浮かぶ？」

野村「そうだな…。あぁ、もう亡くなっちゃったけど、スティーブ・ジョブズとか。いかにもリーダーって感じじゃな

い？　喜怒哀楽がはっきりしていて、才能に満ち溢れていてさ。なんていうか、醸し出される雰囲気からしても、リーダーシップって天性のものなんじゃない？」

山田「確かに、リーダーシップがぴったりくる人って才能や性格の特徴みたいなものがありそうだな。だとすると、リーダーシップって、生まれつき備ったもので向き不向きが決まるのかな…。そういう人材を選べば、良いリーダーに育ってくれるのだろうか…」

2-1. 最初のリーダーシップ研究

　最初のリーダーシップ研究は、古くは紀元前にまでさかのぼることができます。当時のリーダー論は、思想家や哲学者が自身の考察をもとに見解を論じる形ではじまりました。そして、その対象となったのは、国を率いる政治家や軍人など、いわゆる偉人と呼ばれる人たちでした。「偉人たりうる人物とはどのような人物なのか」について、多くの識者により論じられてきましたが、かつて主流を占めていたのは、「偉人と称される優れたリーダーには、共通する特性がある」という考え方でした。

　たとえば、プラトンは『国家』において、国を率いる哲人王は誰もがなれるものではなく、最も物事を知り、知恵ある者のみがよき統治者たりうるとしています（Plato／藤沢訳, 1979）。また、孔子は『論語』において、生まれながらに徳性を備えた者が理想の君主たりうると述べています（孔子／貝塚訳, 1973）。

　19世紀に活躍したイギリスの歴史家カーライルは、歴史に影響を与えるような偉人や指導者らに共通する特性を見いだそうと試み、『英雄崇拝論』において、かつての英雄たちを例に、リーダーたりうる人物とは、他者に比して抜きん出て優れた特性や資質を有している人物であると論じています（Carlyle, 1840）。

　しかし、19世紀までのこうした偉人伝は、思想家や哲学者らが、あくまでも個人的見解に基づいて論じたものであり、科学的な検証にまでは至っていませんでした。

2-2. 科学的検証により衰退した特性理論

　20世紀に入ると、ビネ、シモンなどの心理学者らが知能検査を創案するようになります（Binet & Simon, 1921）。これをきっかけに、

人間の個人差を科学的に測定する動きがはじまりました。そこで、かつてから論じられてきたリーダー論も科学的な手法で検証されるようになります。身長、体格、容姿、知性、雄弁さなど、あらゆる面から、偉人といわれるスーパーリーダーたちに共通する特性（traits）を見いだすべく調査が重ねられました。

しかし、調査が重ねられるほどに明らかになっていったのは当初の予想を裏切るもので、スーパーリーダーがスーパーリーダーたりうる理由は、特性だけでは説明できない、という結果でした。

その代表的なものが、ストグディルによる研究です（Stogdill, 1948）。ストグディルは、1900年代前半になされた124もの研究を丹念にレビューし、優れたリーダーがもつ特性として、多くの研究者が取り上げていたのは、「知能」「洞察力」「責任感」「社交性」「粘り強さ」など、8つの特性に分類できると整理しました。そして、各研究の結果を整理したところ、これらの特性がリーダーシップに及ぼす影響は研究により異なっており、一貫した結果は得られていないと結論づけたのです。

同じ頃に、軍のリーダーを対象に、複数の研究をレビューした他の研究者による研究結果でも、「リーダーとメンバーを明確に区別できる特性はない」と結論づけられています（Jenkins, 1947）。こうした研究結果をきっかけに、特性理論は1950年頃から徐々に衰退するようになりました。

2-3. そもそも特性とは何か

ところで、ここまで「特性（traits）」とは何か、について詳しい説明をしてきませんでした。というのも、実は、リーダーの特性の捉え方は、リーダーシップ研究がなされた時期によって異なっているためです。初期のリーダーシップ研究では、特性を、どちらかと

いえば先天的なもので、変わりにくい資質と考えてきました。しかし、1950年代頃からの研究では、先天的な変わりにくい資質だけではなく、「自信」や「保守性」「知識」などのように、後天的に習得されるものも特性として盛り込むようになってきました（e.g., Mann, 1959; Stogdill, 1974; Kirkpatrick & Locke, 1991）。

　最近のある研究では、リーダーの特性を「多様な集団や組織の状況のなかで、リーダーの一貫したパフォーマンスを促進する、比較的安定した個人の特徴」と定義しています（Zaccaro, Kemp, & Bader, 2004）。つまり、ころころ変わるものではない安定した個人の特徴が、特性です。

　ここで、過去の研究において、リーダーの特性として取り上げられたことのあるものを図表1-1にいくつか紹介します。先に述べたように、知能などの先天的な要素の強いものから、自信、責任感、ビジネスに関する知識など、後天的に習得できるものまで広く含ま

図表1-1　リーダーの特性

Mann, 1959	Stogdill, 1974	Kirkpatrick & Locke, 1991
知能	達成意欲	達成動機
適応性	持続力	モチベーション
支配性	洞察力	誠実性
外向性	指導力	自信
男性性	自信	認知能力
感受性	責任感	ビジネスに関する
	協調性	知識
	耐性	
	影響力	
	社交性	

れていることがわかります。皆さん自身、または、皆さんの周りの
リーダー人材の特性と比較してみるといかがでしょうか。優れたリ
ーダーの特性として、**図表１-１**に示されているものは納得感があ
るでしょうか？

　優れたリーダーの特性としてしっくりくるものもあれば、そんな
に関係がないような気がする…というものも含まれているかもしれ
ません。これは自然な疑問といえます。なぜなら、特性のなかでも、
リーダーシップへより直接的な影響を及ぼすものと、間接的な影響
しか及ぼさないものがあるからです。**図表1-2**に示すように研究者
のザッカロらは、こうした考えに基づき、リーダーシップへ影響を
及ぼす特性のうち、より直接的な影響を及ぼすものを「近因特性」
として、間接的な影響を及ぼすものを「遠因特性」として分類し、
論を展開しています（Zaccaro et al., 2004）。

　たとえば、社会的スキルや問題解決スキルなどは、よりリーダー

図表１-2　リーダーシップに影響を及ぼす特性

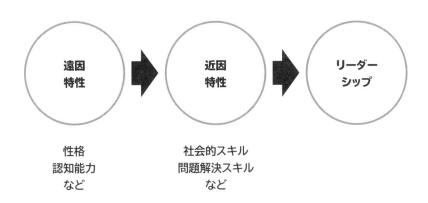

（Zaccaro et al., 2004より修正作図）

シップに直接的に影響を及ぼす「近因特性」であり、性格や認知能力などは、リーダーシップに間接的に影響を及ぼす「遠因特性」として分類されています。こうした遠因特性が、近因特性に影響を及ぼし、近因特性がよりダイレクトにリーダーシップに影響を及ぼしていると考えると、皆さんがリーダーの特性を捉える際の実感覚とも比較的近くなるのではないでしょうか。

2-4. 特性理論への再注目

さて、1950年代頃から一度は衰退した特性理論ですが、実は、近年は再び注目を浴びるようになっています。2000年から2012年の間に、組織行動分野のトップジャーナル10誌に掲載されたリーダーシップ研究をレビューすると、特性理論に関する研究は752件中117件の量を誇っています（Dinh, Lord, Gardner, Meuser, Liden, & Hu, 2014）。昨今のHRMトレンドの1つであるダイバーシティとリーダーシップの関連を扱った研究でも81件の量ですから、特性理論への関心がいかに高いかがわかります。

このようにリーダーシップ研究において、特性理論が再注目されるようになった背景には、一度はストグディルらによって「リーダーシップとは大きな関連は見いだせない」と結論づけられた特性が、実は一定の関連を有することが明らかになったことにあります。

なぜ、このような解釈の変化が生じたのでしょうか。主な理由は、2つあります。1つは、特性を測定する「尺度」と呼ばれるモノサシの精度が以前より高くなったことにあります。1950年代頃に使われていた尺度は、科学的な手法に基づいていたとはいえ、昨今ほどには信頼性、妥当性の精度が高くありませんでした。そのため、研究によって、特性とリーダーシップとの関連がバラバラの結果となっていました。個人の特性を測る尺度の品質が上がった今では、研

究結果が安定し、特性とリーダーシップとの関連が以前より見いだされるようになったのです。

　もう1つの理由には、統計技術の発展があります。1970年頃からは、「メタ分析」といって、複数の研究で得られた結果を統合し、総合的な見地から複数の要素の関連性を分析する手法が徐々に普及していきました。そして、このメタ分析の結果によっても、特性とリーダーシップとの関連が見いだせるようになったのです。

　尺度の品質向上、メタ分析の導入は、人の特性の1つである「性格（personality）」の研究にも役立ちました。1980年代後半には、精緻化された尺度を用いた研究の結果、人の性格は、5つの要素で捉えられる（McCrae & Costa, 1987）という見方が定着するようになります。5つの要素とは、「神経症傾向」「外向性」「経験への開放性」「協調性」「誠実性」です。心理学の分野では、これをビックファイブ（Big 5）[注1]と呼び、人の性格は、このビックファイブの切り口でおおむね把握できるという考え方が現在では世界的に主流となっています。

　人の性格の要素であるビックファイブとリーダーシップとの関連を検討した研究に、フロリダ大学のジャッジらが行ったものがあります。ジャッジらは、性格とリーダーシップとの関連を調べた約80の研究をもとに、ビックファイブとリーダーシップとの関連をメタ分析によって統合的に検討しました（Judge, Bono, Illies, & Gerhardt, 2002）。その結果、**図表1-3**に示すように、リーダーシップとの関連では、「神経症傾向」とはマイナスの、「外向性」「経験への開放性」「誠実性」とはプラスの、それぞれ統計的に意味のある関係があることがわかりました。つまり、物事に敏感に反応し落ち込みやすい神経症傾向がある場合は、リーダーシップの発揮においてはうまくいきにくい傾向があり、外向性や、新たな経験へのオープンさ、誠実性が高い場合は、リーダーシップの発揮において、

図表1-3　リーダーシップとビックファイブとの関連

ビックファイブ	リーダーシップとの 相関係数（関連の強さ）
神経症傾向	− .24
外向性	＋ .31
経験への開放性	＋ .24
協調性	＋ .08[a]
誠実性	＋ .28

aは95%の信頼区間に0を含んでいた（Judge et al, 2002より抜粋作表）

うまくいきやすい傾向があるということが明らかになったのです。

2-5. リーダーシップを考えるうえで特性がもつ意味

　さて、結局のところ、特性は、リーダーシップを考えるうえで、どのような意味をもつのでしょうか。特性理論の解説の締めくくりとして3つの視点を挙げておきたいと思います。

①全ての特性を兼ね備えた人物は限定的

　近年になり、リーダーシップと一定の関連が見いだされるようになってきた特性ですが、人間は単一の特性で成り立つ存在ではなく、複数の特性が組み合わさって成り立つ存在です。そのため、リーダーシップとプラスの関連をもつ特性を全て兼ね備えた人物を探そうとしても、その数は非常に限定的になってしまいます。言い換えれ

ば、「特性を備えた人物だけを選抜する」という発想では、組織や社会に必要となる十分な数のリーダーをまかなうことはできません。

②後天的な能力開発の可能性

　先の「そもそも特性とは何か」の箇所で触れたように、1950年代頃からの特性研究では、先天的な変わりにくいものだけではなく、「自信」や「責任感」「知識」などのように、後天的に習得されるものも特性として盛り込むようになっています。そして、それらの後天的に習得可能な特性とリーダーシップとのプラスの関連も報告されています（Northouse, 2007）。したがって、リーダーシップを考える際には、特性の視点での「選抜」も考慮しながら、それらの特性を「いかに育んでいくか」という視点をあわせもつ必要があります。

③強みは弱みに転じうる

　最後の視点として、「強み」とされる特性は、「弱み」に転じうる可能性をはらんでいるという点も重要です。キャリアの半ばまでは非常に成功しながら、その後、周囲を落胆させ、キャリアのレールから脱線（derailment）してしまった経営幹部たちのプロセスや共通項を明らかにすることを試みる「ディレイルメント研究」という領域があります。その代表的研究者であるマッコールらは、「聡明さ」などのリーダーシップにプラスとされる特性を備えたリーダーが、その「聡明さ」ゆえに「他の人のアイデアや価値を低くみなす」などの行動が頻出し、リーダーの座から転落してしまった例などを挙げています（McCall & Lombardo, 1983）。このように、一般にはリーダーシップにとって「強み」となる特性が、影の部分もその裏面として有していることを指摘する研究者は他にもいます[注2][注3]。

　特性は、リーダーシップを理解する１つの視点ではありますが、

これらの理由から、特性だけでリーダーシップの理解を試みるのは十分ではないということがわかります。

注1　正確には、ゴールドバーグにより開発された尺度がビックファイブであり、コスタとマックラエにより開発された尺度は、Five Factor Model（FFM）である。しかし、両尺度はともに広く普及しており、共通点が多いことから、両者を同一のものとしてビックファイブあるいはFive factorと呼ぶことが多い（Halverson, 2008）。ビックファイブでは、「surgency」「agreeableness」「conscientiousness」「emotional stability」「intellect」　で、FFMでは「agreeableness」「extraversion」「conscientiousness」「neuroticism」「openness to experience」で構成される。

注2　リーダーシップにとって望ましいとされている特性がもつ負の側面については、Judge, Piccolo, & Kosalka（2009）などによっても指摘されている。たとえば外向性は、リーダーシップの効果性と正の相関があるとされてきたが、外向性が過度になると、攻撃性や短絡的な意思決定につながる危険性を含んでいることが指摘されている。

注3　特性の観点ではないが、リーダーが相反する行動をとることで成果を生み出そうとする側面について、「パラドキシカル行動（paradoxical leader behavior）」という概念を用いて論を展開する研究も存在する（Zhang, 2016）。たとえば、リーダーはメンバーと一定の距離を保ちつつ、親密な関係を築こうとしたり、メンバーに自律性を求める一方で意思決定の統制は維持する、といった行動をとることがある。こうしたパラドキシカル行動は、特性という観点からは説明しにくい。

エピローグ

リーダーシップは生まれつき?!

　同期の野村さんと、久々にお酒の場を楽しみながら、リーダーシップについてあれこれと考えをめぐらせていた山田さん。当初は、リーダーシップは天性のものと考えていたようです。しかし、ここまで読むと、これは正解でもあり、不正解でもある、ということがわかります。

　効果的なリーダーシップと特性とは、一定の関連があることが過去の研究により明らかになっていますが、その関連の程度は大きなものとはいえません。また、効果的なリーダーシップに望ましいとされる特性が、強みとして作用することもあれば、弱みとして作用してしまうことも報告されています。

　では、特性以外にリーダーシップを捉える視点には、どのようなものがあるでしょうか。更に次節から学習を進めていくことにしましょう。

3 リーダーの「行動」に着目した 行動理論

優れたリーダーの 行動の特徴とは？

　春に異動した人事部での仕事に日々奮闘を続ける山田さん。そうこうするうちにも時は流れ、夏から秋へ。山田さんが所属しているグループには、部長から「翌年度に控えている組織再編や新しく立ち上がる部署のリーダー候補をリストアップするように」という指示があり、その提出日が迫ってきています。

　山田さんは、日頃の行動からみて優秀だと思う人をリストアップしようと考えました。パソコンに向かって、思いつくままに名前を入力していると、肩越しにグループの先輩の伊藤さんが声をかけてきました。

伊藤　「部長にいわれたリストアップにとりかかっているの？」

山田　「まだ、僕の思いつきなんですよ。でも何よりも仕事熱心な人がいいかと思って」

伊藤　「…でも、ここに挙げた人たちって、確かに仕事熱心ではあるけど、周囲からの受けが悪い人もいるわね。Aさんなんて、特に…」

山田　「えっ、そうかな…？　でも、熱心な人ならば、その熱

意で部署を引っ張っていってもらえばいいわけだし…」
伊藤「そうかもしれないけれど、この人たちの下についた部
　　下は大変ね。私だったら、ちょっと嫌だな…」

3-1. リーダーの「行動」への着目

「リーダーシップは特性の視点だけでは説明できない」ということがわかると、次に研究者たちが着目したのは、「行動」でした。

研究者たちが、「行動」に着目するようになったのには、歴史的な背景も深く絡んでいます。というのも、ストグディルが、過去の特性理論研究をレビューし、特性とリーダーシップとの関連には一貫性がみられないと結論づけたのは1948年でした。

その後の1940年代から60年代は、第二次世界大戦後の時代と重なります。当時は、軍や国家だけではなく、戦後の産業面の活性化のためにも多くのリーダーが必要とされていた頃でした。特性の有無でリーダーに適した人材をふるいわけるだけでは、必要なリーダーの数を満たすことはできませんでした。そこで、リーダー役を任じられた多くの人材に、望ましい行動を示す必要がでてきました。

3-2. アイオワ研究

リーダーにとって望ましい行動を明らかにする研究のきっかけとなったのが、アイオワ研究と呼ばれるリーダーシップ・スタイルに関する実験社会心理学的研究の一連の実験でした（Lewin & Lippitt, 1938; Lewin, Lippitt, & White, 1939）[注1]。

アメリカの社会心理学者であったレビン、リピットらによる実験では、大学生のリーダーが小学生グループのリーダーとして配置され、いくつかのリーダーシップ・スタイルによるグループへの影響の違いが検討されました。

実験は何度か行われ、終盤の実験では3種のリーダーシップ・スタイルの影響比較が行われました。3種とは、「専制型」「民主型」「放任型」のリーダーシップ・スタイルです[注2]。小学生のグループ

に課された課題は、お面づくりや、石鹸の彫刻、飛行機の模型制作などでした。

① 「専制型」のリーダーシップ・スタイル

「専制型」のリーダーシップ・スタイルのリーダーのもとでは、グループが課題に取り組む際の方針は、全てリーダーにより決定されました。そして、作業手順の提示は、作業が進む都度伝えるという形がとられ、機械的な提示がなされました。つまり、メンバー側からすると、全体感がみえにくい環境に置かれていました。また、グループ内での作業相手についても全てリーダーが指定しました。メンバーへの評価については、リーダーの主観に基づいて行われました。

② 「民主型」のリーダーシップ・スタイル

「民主型」のリーダーシップ・スタイルのリーダーのもとでは、方針の検討・決定は、グループのメンバーに任されました。ただし、リーダーは、任せきりにするのではなく、その過程においてグループの支援や、励ましをするといった関わりをしました。作業手順の提示については、最初に全体像を示してグループメンバーが見通しをもてるようにしました。作業途中でアドバイスを求められた際には、複数の選択肢を提示してメンバーが方法を選択できるようにしました。作業相手を誰にするか、分担をどうするか、といったこともメンバーに決定が任され

ました。評価にあたっては、個々のメンバーに対してではなく、グループ全体に対して指摘や称賛が行われました。

③「放任型」のリーダーシップ・スタイル

「放任型」のリーダーシップ・スタイルのリーダーのもとでは、方針の検討・決定は、全てメンバーに一任されました。「民主型」のリーダーとの違いは、その過程においてもリーダーは一切関与しなかったことです。作業手順の提示については、いくつかの方法

を提示するに留まり、作業相手や分担を含む、進め方の検討には、リーダーは全く関与しませんでした。リーダーは、メンバーの評価について、指摘・称賛のどちらも行わず、メンバーから質問があったとき以外は、リーダーはメンバーに関わることをしませんでした。

さて、皆さんなら、どのスタイルのリーダーのもとで仕事をしたいですか？　各スタイルの違いは、皆さんの仕事ぶりにどのような影響を及ぼすと思いますか？

結果は、**図表1-4**のようになりました。リーダーの行動スタイルの違いは、グループの雰囲気、メンバーのモチベーション、仕事の成果に如実に影響を与えました。

「専制型」のリーダーのもとでは、メンバーは互いに敵意をもち、グループ内の雰囲気はとげとげしくなってしまいました。メンバーは、リーダーがいるときは真面目に課題に取り組み、リーダーが不在になると誰かを攻撃するなど、裏表のある態度をとるようになりました。仕事の成果の点では、高いケースと低いケースが混在しま

した。「民主型」のリーダーのもとでは、グループの雰囲気は友好的で、メンバーの仕事へモチベーション、仕事の成果ともに高くなりました。「放任型」のリーダーのもとでは、グループの雰囲気は緊張感に欠け、メンバーのモチベーション、仕事の成果ともに低くなることがわかりました。

　リーダーシップ・スタイルの違いがグループに及ぼす影響を明らかにしたこのアイオワ研究は、リーダーシップの研究者たちに強いインパクトを与えました。しかし、その後に行われた同様の実験では、一貫した結果が得られなかったために、研究者たちの関心は、リーダーのスタイルの違いよりも、リーダーの行動が果たす機能への関心に移っていきました。

図表1-4

リーダーシップ・スタイルの違いがグループに及ぼす影響

	「専制型」	「民主型」	「放任型」
リーダーシップ・スタイル	専制型 全部決めて 守れる「絆」!? ままますが…	民主型 うんうん	放任型 え、率言 ついてて かいいか
グループの雰囲気	メンバー間で敵意をもちとげとげしく	友好的	緊張感に欠ける
メンバーのモチベーション	リーダーがいる時は真面目に取り組むが、不在になると混乱気味に	高い	低い
仕事の成果	高いケースと低いケースが混在	高い	低い

（Lewin & Lippitt,1938; Lewin, Lippitt, & White, 1939より作表）

3-3. リーダーシップ行動の不動の２軸

アイオワ研究後は、リーダーシップ行動が果たす機能を捉えるための研究が多数行われるようになりました。その結果、現在にも通じる「リーダーシップ行動の不動の２軸」と呼ばれる軸が見いだされています（金井・高橋, 2004）。それは「仕事（課題）」に関する軸と、「対人」に関する軸です。

リーダーシップ行動を２軸で捉えるようになった初期の研究の代表的な存在が、オハイオ州立大学とミシガン大学で行われた調査です。

オハイオ州立大学で実施された調査では、行動を測定する150項目にわたる質問表[注3]を用いた調査の結果、優れたリーダーに共通する行動として、仕事の枠組みを決める「構造づくり」と、対人面に

図表1-5

多数のリーダーシップ研究で確認されているリーダー行動の２軸

	仕事	対人
オハイオ州立大学	構造づくり	配慮
ミシガン大学	職務中心の監督行動	従業員中心の監督行動
ハーバード大学	課題リーダー	社会情緒的リーダー
マネジリアル・グリッド	業績への関心	人への関心
PM理論	Performance（目標達成）	Maintenance（集団維持）
変革型リーダーシップ	アジェンダ（課題）設定	ネットワーク（人脈）構築

（金井・高橋, 2004をもとに修正し、作表）

おける「配慮」に関する行動の2軸が発見されました（e.g., Halpin & Winer, 1957; Fleishman & Harris, 1962）。「構造づくり」とは、組織目標の達成に向けて、リーダーが部下の活動について構造づくりすることを意味します。たとえば、部下の仕事上の役割を決める、上司の指導の範囲を決める、といった行動です。「配慮」とは、リーダーが部下との間に、信頼関係を築き、より良い人間関係を維持しようとすることを意味します。たとえば、部下の職務満足を気にかける、部下を平等に扱う、といった行動です。オハイオ研究においては、「構造づくり」と「配慮」の両面の水準が高いリーダーが、より優れたリーダーであると結論づけられました。

ミシガン大学では、企業の管理職を対象とした調査などを通じ、リーダーシップ行動には「職務中心型」と「従業員中心型」の2軸があることを見いだしました（e.g., Katz & Kahn,1951 ; Likert, 1961, 1967）。「職務中心型」とは、仕事の技術面を重視し、業務達成に向けて部下に手順を守らせる指導・監督行動であるのに対し、「従業員中心型」とは、部下を尊重して人間関係に配慮する指導・監督行動です。

また、ほぼ同時期に、ハーバード大学においては、「課題リーダー」と「社会情緒的リーダー」という2軸を発見しています（Bales, 1954）。ハーバード大学では、役割を決めない討議場面で、どのようなリーダーが自然にでてくるかを検証する形で調査が行われました。その結果、課題や問題解決に注力する「課題リーダー」と、グループのまとまりや人々の気持ちへの配慮に注力する「社会情緒的リーダー」が自然と出現することが明らかになっています。

このように、1950年代頃から現在までの多くの研究において、リーダーシップ研究においては、表現こそ異なりますが、「仕事」と「対人」という共通の不動の2軸が発見され続けているのです。

では、「仕事」「対人」の2軸は、どちらが重要なのでしょうか。

この点を検討した研究に、ブレイクとムートン（1964）によるマネジリアル・グリッド理論、三隅（1984）によるPM理論があります。

3-4. マネジリアル・グリッド理論

　マネジリアル・グリッド（managerial grid model）とは、テキサス大学のブレイクとムートンが考案し、企業でのリーダーシップ教育において多用されているツールです。ブレイクとムートンは、リーダーが行動を起こす際の背景には「人への関心」と「業績への関心」があることに着目し、**図表1-6**のマトリクスを作成しました。タテ軸は、「人への関心」の高さを表し、ヨコ軸は、「業績への関心」の高さを表します。それぞれに9マスを設け、合計81マスを設定しました。そして、リーダーたちの現状がマトリクス上のどの位置にあるかを調査し、グリッドにプロットしていきました。

　リーダーの行動は、基本型として、次の5つに分類されました。

図表1-6　マネジリアル・グリッド

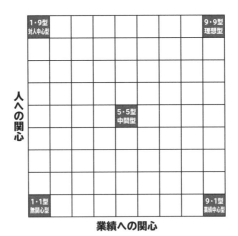

（Blake & Mouton, 1964より修正作図）

■マネジリアル・グリッドにおけるリーダー行動の５つの型

> ９・１型　業務中心型
> 業績への関心が中心で、人への関心や配慮はほとんどない
>
> １・９型　対人中心型
> 人への関心が中心で、業績にはほとんど関心がない
>
> ５・５型　中間型
> 業績にも、人にもほどほどに関心があるが、妥協的で、
> やや中途半端
>
> １・１型　無関心型
> 業績にも、人にも関心がない
>
> ９・９型　理想型
> 業績へも人へも関心をもち、両方を最大限に活かすべく
> チームワークを促進する

　そして、ブレイクとムートンは、５つの型のなかで、人への関心と業績への関心の両方が高い９・９型のリーダーが、最も優れていると結論付けました。

　マネジリアル・グリッドを用いて組織のリーダーへ教育を行う際には、マトリクス上での現状の位置を把握したうえで、９・９型の理想の状態にどうしたら移行していけるかを検討させるなどの教育方法がとられています。その際には、リーダー自身による評価だけではなく、リーダーの周囲の人々による評価も参考にして分類がなされることもあります。マネジリアル・グリッドを用いたリーダーへの教育は、組織の生産性、組織内の人々の関係性にも実際に良い影響をもたらすことが明らかにされています（Blake, Mouton, Barnes, & Greiner, 1964）。

3-5. PM理論

　日本においては、九州大学の三隅二不二が、同様に、2軸を用いた論を展開しています。三隅は、リーダーの行動を測定する尺度を用いた調査の結果、集団の目標達成を促進する「P機能（performance）」と、集団が崩壊せず維持することを目的とする「M機能（maintenance）」を見いだし、PM理論として発表しました（三隅, 1966, 1986）。

　なお、P機能とM機能はその高・低によって、次のように、4類型（P型、M型、PM型、pm型）に区分されます。

■PM理論におけるリーダー行動の4類型

P型
目標達成に関心を寄せた行動はとれているが、部下の状態や部下の内面へ関心を寄せた行動はとれていない

M型
部下の状態や部下の内面へ関心を寄せた行動はとれているが、目標達成に関心を寄せた行動はとれていない

PM型
目標達成と、部下の状態・部下の内面の両面への関心を寄せた行動がとれている

pm型
目標達成と、部下の状態・部下の内面の両面ともに関心を寄せた行動がとれていない

　三隅が、PMの軸で成果との関連を検証した結果、P機能とM機能の両方の行動がとれているPM型のリーダーシップが最も有効で

図表1-7　PM理論によるリーダーの分類

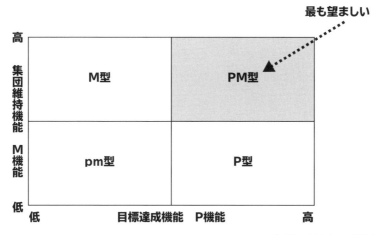

（三隅，1986に一部追記）

あり、逆にＰ機能とＭ機能の両方が低いpm型のリーダーは成果への効果が最も低いことが明らかとなっています[注4]。

3-6. 2軸の有効性は状況に依存する

　リーダーシップには、「仕事」と「対人」の２軸が重要であるという方向性を示したのは、この時代の研究の大きな貢献といえます。皆さんにとっても、「仕事」と「対人」の両面に秀でている人が優れたリーダーである、というのは納得感が高いのではないでしょうか。

　しかし、一連の研究では、２軸の行動に秀でたリーダーが高い成果を上げやすい一方で、２軸の行動に優れていれば、いかなる状況においてもうまくいく、ということまでは証明できませんでした。

　現在においても、ある部署で大きな成果を上げ、メンバーの信頼も高かった人材を花形部署に異動させてみたら、期待したほどの成

異動させてみたら、期待したほどの成果を上げられなかったという
ケースがあります。同様の事象は、行動理論研究が盛んに行われて
いたこの時代にもありました。こうしたことから、リーダーシップ
研究は、再び新たな舵を切ることになります。

注1　アイオワ研究の最初の研究は、レビンとその教え子であるリピットにより実施された
　　　(Lewin & Lippit, 1938)。最初の研究では、「専制型」と「民主型」の２種のリーダーシッ
　　　プ・スタイルの影響が検証され、その後、研究にホワイトが加わり、リーダーシップ・
　　　スタイルとして「放任型」が追加された(Lewin, Lippit, & White, 1939)。
注2　リーダーシップ・スタイルの英語表記は、それぞれ「民主型(democratic)」「専制型
　　　(authoritarian)」「放任型(laissez-faire)」である(Lewin, Lippit & White, 1939)。
注3　オハイオ研究で用いられた質問表は、その後、リーダーシップ行動記述質問表
　　　(Leadership behavior description questionnaire=LBDQ)(Halpin, 1957)、LBDQ-XII
　　　(Stogdill, 1963)などの診断ツールにまとめられ、その後も多くのリーダー研究で使用
　　　されている(e.g., Judge, Piccolo, & Ilies, 2004)。
注4　三隅は、PM理論を提唱したあと、この４類型について膨大な研究を重ねており、それ
　　　によれば、成果のなかでも「部下の意欲や満足感」については、PM型＞M型＞P型＞pm
　　　型の順に効果的であり、「集団の生産性」については、PM型＞P型＞M型＞pm型の順で
　　　効果的であることが明らかになっている(三隅，1986)。

優れたリーダーの行動の特徴とは？

　山田さんは、仕事面での熱心さという観点から、まずリーダー候補をリストアップしました。しかし、何か視点が欠けていたことに先輩との会話から気づきました。

　優れたリーダーの行動の特徴を調べる研究は、これまでに膨大になされていますが、多くの研究で、「仕事」と「対人」の両面が重要であるというシンプルかつ納得感の高い「不動の2軸」と呼ばれる軸が見いだされています。現在でも表現の違いこそあるものの、この2軸からリーダーシップを論じているものが多くあります。

　しかし、シンプルにこの2軸だけで望ましいリーダーを選べるかというと、ことはそれほど単純ではありません。

　山田さんのリーダー候補のリストアップは、もうしばらく難航しそうです。

4 「状況」に着目した状況適合理論 （コンティンジェンシー理論）

リーダーの優秀さは 配属先によって変わる?!

山田 「伊藤さん、ちょっといいですか？」

伊藤 「何？　この間の新部署のリーダー候補のリストアップ の件？」

山田 「そうなんですよ。伊藤さんのアドバイスを受けて、も う一度候補者を選び直しているんですけど、今度は条件 にマッチする人がどんどんいなくなってしまって…」

伊藤 「確かに、スカスカね（笑）。もともとつくってあった仕 事熱心な人のリストをもう一度見直してみたら？」

山田 「僕一人だと偏ってしまうので、一緒に考えてください よ〜」

伊藤 「仕方がないわね。わたしも今、部長に頼まれた別の仕 事で忙しいんだけれど、ちょっとなら…」

山田 「すみません、恩に着ます！」

伊藤 「…でも、確かに難しいわね。同じ人でも、配属先によ ってうまくいっていたときと、何だか空回りしているよ うに見えたときもあったし」

山田 「同じ人でも配属先によってそんなに違ったりするもの

なんですか？」

伊藤　「そう。たとえば、Bさんは周りの人と関係性を築いて
　　　うまく乗り切るタイプで、今の部署ではうまくいってい
　　　るけど、前の部署ではパッとしてなかったのよね。逆に
　　　Cさんは、人のことは全く関心なくて、とにかく仕事、
　　　仕事って感じだから今のメンバーからは嫌われているけ
　　　ど、その前の部署では割とうまくいっていたのよ」

山田　「へぇ。そんなことってあるんですね」

伊藤　「何にしても、もう一度やり直しね。あっもうこんな時
　　　間。わたしも、そろそろ戻らないと」

山田　「えっ、そんな。冷たいな…部長への提出はこの週末な
　　　んだけどなぁ」

4-1. リーダーシップのあり方を左右する「状況」

　仕事、対人の両面の行動が優れているリーダーであってもうまくいくケースといかないケースがあることを知った研究者たちが次に関心を寄せたのは、リーダーを取り巻く「状況」でした。

　リーダーたちが同じような行動をとっていてもうまくいくケースといかないケースがあるのは、それぞれのリーダーたちが置かれている「状況」に違いがあるためだと考えたのです。

4-2. コンティンジェンシー理論

　「状況」に着目した研究のなかで最も有名なものが、フィードラーによるコンティンジェンシー理論（contingency model）です（Fiedler, 1967, 1971）。フィードラーは、状況における次の3つの要因がリーダーシップの効果に影響を与えるのではないかと考えました。

■リーダーシップの効果に影響を与える3つの状況要因

要因① 　リーダーとメンバーの関係性
要因② 　課題の構造
要因③ 　リーダーの権限の大きさ

　要因①の「リーダーとメンバーの関係性」とは、リーダーがメンバーから受け入れられ、良好な関係が築けているかどうかに関する指標です。要因②の「課題の構造」とは、仕事の手順やメンバーの役割の明確さに関する指標です。要因③の「リーダーの権限の大きさ」とは、人員配置、予算、人事考課などに関する権限をリーダー

がどの程度もっているかに関する指標です。

　リーダーとメンバーの関係性（要因①）が良好で、課題の構造（要因②）が明確で、更にリーダーの権限（要因③）が大きい状況が、リーダーにとって最も望ましい状況といえます。逆に、リーダーとメンバーの関係性（要因①）が悪く、課題の構造（要因②）が不明確で、リーダーの権限（要因③）が小さい状況は、リーダーにとっては最も厳しい状況といえます。

　皆さんにとっても、メンバーとの関係性が良く、メンバーの役割や仕事の手順が明確な業務で、リーダーが大きな権限を有している状況では、リーダーはスムーズに仕事を進めやすく、その逆に、メンバーが斜に構えているなか、リーダーに十分な権限も与えられずに、新たな仕事を開拓しなければならない状況では、リーダーは、リーダーシップを発揮しにくい、というのはイメージしやすいのではないでしょうか。

　フィードラーは、リーダーにとっての状況の好ましさを規定するこれらの要因を明らかにしただけではなく、3つの状況要因を組み合わせて設定した8種の各状況下ではどのようなリーダーが有効かについても、実験・調査の結果から明らかにしました。その際、リーダーについては、「人間関係指向的」なリーダーと、「課題達成指向的」なリーダーの2種類に分類しました。リーダーを2種類に分類するにあたって、フィードラーは、ユニークな尺度を用いました。それが、LPC（least preferred co-worker）尺度と呼ばれる尺度です。この尺度では、リーダーに、「一緒に仕事をするうえで最も苦手な仕事仲間」を想定させ、その仕事仲間について質問に回答をしてもらいます。尺度には「協力的である」「有能である」などの質問が並び、自分が最も苦手な仕事仲間がどのような特徴をもっていると思うかを順に回答していきます。

　その結果、LPC尺度での得点が高くなった高LPCのリーダーは、

「人間関係指向的」、LPC尺度得点が低くなった低LPCのリーダーは、「課題達成指向的」であると判断しました。なぜ、高LPCのリーダーを「人間関係指向的」と判断したかというと、高LPCのリーダーは、自分が最も苦手な相手であっても、その相手に好意的な評価をしていることから、他者と良い人間関係をつくることに関心があると判断したためです。その逆に、低LPCのリーダーは、人に対して許容的でなく、統制的な態度をとると考えたため、課題に関心が高い「課題達成指向的」なリーダーであると判断しました（**図表1-8**参照）。

　そして、8種の各状況下での、リーダーのLPC尺度得点とグループ業績との関係を整理していきました。膨大な研究の結果、フィードラーは、各状況下におけるリーダーの特徴とグループ業績の高さとの関連について**図表1-9**のような結果を得ました。この図を見ると、リーダーにとって最も好ましい状況（Ⅰ）と、リーダーにと

図表1-8　LPC尺度を用いたリーダーの分類方法

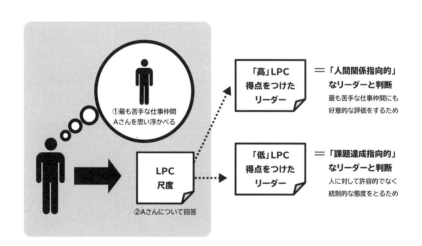

って最も厳しい状況（Ⅷ）では、LPC尺度得点とグループ業績の相関係数がマイナスになっています。つまり、LPC尺度得点が低いほど業績が高いという関係があり、「課題達成指向的」リーダーが業績を上げやすいことがわかります。そして、好ましさがどちらともいえないような状況では、LPC尺度得点と業績との相関係数がプラスになっているので「人間関係指向的」リーダーが業績を上げやすいことがわかります。

　なお、フィードラーは、リーダーが「人間関係指向的」であるか「課題達成指向的」であるかは固定的で変わらないと考えていました。そのため、状況に応じて最適なリーダーを選抜して配置すべきだという論を展開しました。

図表1-9　リーダーのLPC尺度得点とグループ業績の相関

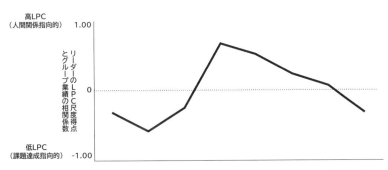

状況	Ⅰ	Ⅱ	Ⅲ	Ⅳ	Ⅴ	Ⅵ	Ⅶ	Ⅷ
メンバーとの関係	良い	良い	良い	良い	悪い	悪い	悪い	悪い
課題の構造	明確	明確	非明確	非明確	明確	明確	非明確	非明確
権限の大きさ	大	小	大	小	大	小	大	小

（Fiedler, 1967をもとに修正作図）

4-3. パス・ゴール理論

　それに対して、状況に応じてリーダーは行動を変えることができ、また変えるべきだと提唱したのが、オハイオ州立大学出身のハウスらによって示されたパス・ゴール理論（path-goal theory）でした（House, 1971; House & Dessler, 1974; House & Mitchell, 1974）[注1]。

　ハウスらは、リーダーは、メンバーの目標（goal）達成に向け、状況に応じてメンバーへの働きかけ方を変えながら、目標への道筋（path）を示し、支援することが必要だと述べています。

　その際、考慮すべき状況要因として、①メンバー要因と②タスク要因の2つを挙げました。①メンバー要因については、メンバーの能力や、これまでの経験、結果の捉え方などの違いを考慮しました[注2]。②タスク要因については、課題の構造や権限体系などに着目しました（図表1-10参照）。

図表1-10　パス・ゴール理論の考え方

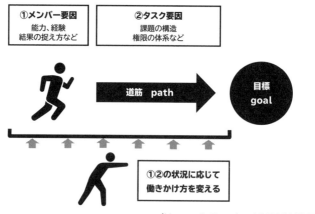

（House & Dessler, 1974より修正作図）

　そして、課題の構造が不明確な非定型業務においては、リーダーは「構造づくり」すなわち、仕事面に注力し、進め方について細かい指示を与える働きかけ方がうまくいき、課題の構造が明確な定型業務においては、リーダーは「配慮」すなわち、対人面に注力し、メンバーを信頼し、支援するような働きかけ方がうまくいくと結論づけています。

　このような結果が導かれた理由として、ハウスらは、課題の構造が不明確な非定型業務の場合は、どのように仕事を進めたらよいかをメンバーが見通しにくいため、リーダーが適切な仕事の指示を与えることで、メンバーのモチベーションが高まるとしています。また、非定型業務においては、先のわからない面白さが、仕事それ自体の満足となるため、リーダーが対人面を意識した配慮行動をとらなくても、メンバーの満足が高まると解説しています。

　反対に、課題の構造が明確な定型業務の場合は、メンバーは、どのように仕事を進めるかについて自分でよく理解しているために、リーダーから仕事の指示をされるのは余計だと感じており、また、仕事の面白さ自体が少ないため、リーダーによる配慮ある対人的な働きかけが必要となるとしています[注3]。

4-4. シチュエーショナル・リーダーシップ理論

　ハウスらのパス・ゴール理論と同様に、リーダーは状況に応じて行動を変えることができ、また変えるべきであると提唱するもう1つの代表的な理論に、実務家のハーシーとブランチャードによって提唱されたシチュエーショナル・リーダーシップ理論（situational leadership theory）があります。

　この理論は、当初、ライフ・サイクル理論として発表され（Hersey & Blanchard, 1969）、後にシチュエーショナル・リーダーシップ理

論（以下SL理論）と名を改められました（Hersey & Blanchard, 1977）。SL理論は、状況適合理論のなかでも、実務の領域で最も広く普及している理論です。

　SL理論では、リーダーは、「メンバーの仕事に対する成熟度」に応じて、働きかけ方を変化させるべきだとしています。「メンバーの仕事に対する成熟度」は、メンバーの能力・知識・経験・意欲などから判断し、4段階で評価します。そして、リーダーは、メンバーの成熟度に応じて「課題行動」と「関係行動」のバランスを変えるのが有効だとしています。「課題行動」とは、仕事について指示をしたり、教えたりする行動を指し、「関係行動」とは、支援的な働きかけをする行動を指します。

　メンバーの成熟度が最も低いM1段階のときには、「課題行動」

図表1-11　SL理論によるメンバーの成熟度別リーダーの効果的行動

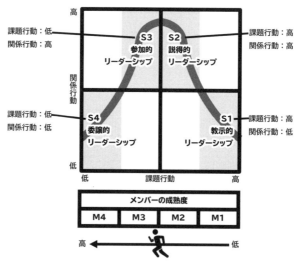

（Hersey & Blanchard, 1977をもとに作図）

を高く、「関係行動」を低くした「教示的リーダーシップ」が有効であり、M２段階のときには、「課題行動」「関係行動」ともに高い「説得的リーダーシップ」が、M３段階のときには、「課題行動」を低く、「関係行動」を高くした「参加的リーダーシップ」が有効であるとしています。そして、メンバーの成熟度レベルが最も高いM４段階に到達したときには、「課題行動」「関係行動」ともに低い「委譲的リーダーシップ」が有効だとしています（**図表1-11参照**）。

　メンバーの成熟度が低い場合は細やかに指示をし、メンバーの成熟度が高い場合は委譲の範囲を高めるというこのSL理論の考え方は、実務の現場での納得感が高かったことから、多くの企業においてリーダーシップ教育に取り入れられました。そして、リーダーシップ教育を扱う大学の教科書などにも多数掲載されています[注4]。

4-5. リーダーシップ代替論

　状況によって効果的なリーダーシップのあり方は変わるとする状況適合理論の締めくくりとして、最後に、最も究極的な理論ともいえる理論を紹介します。

　それが、カーとジェルミエによるリーダーシップ代替論（substitutes for leadership）です（Kerr & Jermier, 1978）。カーとジェルミエは、ある状況要因が揃えば、そもそもリーダーシップそのものが不要となるという理論を展開しています。

　カーらが状況要因として着目したのは、「メンバーの能力・経験・内発的な意欲」「メンバー間のまとまり」などの要因でした。メンバーの能力や経験が豊かで、内発的な意欲も高く、チームとしてのまとまりが良い集団では、リーダーが存在せずとも、物事がうまく進んでいくのでは、と考えたのです。

　しかし、このリーダーシップ代替論に関しては、リーダーシップ

が不要となる状況を実証データの裏づけと合わせて明確に示すのは研究的困難度が高いため、論として確立するためには更なる研究実績が求められており、カーらの研究に影響を受けた発展研究はその後も続けられています（e.g., Podsakoff, Niehoff, MacKenzie & Williams, 1993）

4-6. リーダーシップは間にこそ宿る

　以上、「特性理論」「行動理論」「状況適合理論」と、リーダーシップ研究の大きな変遷を概観してきました。ここまでのリーダーシップ理論では、「状況適合理論」において、状況要因は加味されたものの、主体はあくまでもリーダー個人のみであり、論じられてきたのは、あくまでもリーダー側からメンバー側へ向けた一方向の働きかけ方だけでした。

　しかし、本来リーダーシップとは、リーダーに従うメンバーがいてこそ成り立つものです。そこで、次節からは、リーダーとメンバーとの関係性について、メンバー側からの視点も加え双方向からの検討を試みた研究アプローチについて解説していきます。

注1　ハウスらは、オハイオ州立大学でのリーダーの行動研究で示された「構造づくり」と「配慮」の2軸と、人のモチベーション（やる気）を高めるモチベーション研究における期待理論（Vroom, 1964）などを参考としながら研究を重ね、パス・ゴール理論に行き着いた（House, 1971）。

注2　結果の捉え方とは、学術的には、ローカス・オブ・コントロール（locus of control）という概念で表される。ロッター（1966）が提唱した概念で、日常の様々な事象や行為が何によって統制されているかに対する認知を指す。「自分に起こることは、自分の能力や努力によって統制された結果であると信じる場合」は、「内的統制（intenal control）」とみなされ、「自分に起こることは、運や偶然、有力な他者によって統制された結果であると信じる場合」は、「外的統制（extermal control）」とみなされる。ロッターによれば、内的統制の場合は外的統制の場合に比べて、成功や失敗を自分の行動や特性によるものと考え、周囲の環境に対して自分が影響を及ぼすことができると考える傾向がある。人の特徴を示す重要な視点の1つとして、わが国においても心理学の多くの分野にわたって研究が行われている（e.g., 清水, 1978; 樋口・清水・鎌原, 1979; 宮本, 1981）。

注3　なお、パス・ゴール理論では、「指示」「支援」「参加」「課題達成」の4つのリーダーシップ行動を規定しており、メンバー要因とタスク要因との組み合わせにより、望ましい行動が変わるとして提示している（House, 1971; House & Dessler, 1974; House & Mitchell, 1974）。

注4　SL理論は、実務家からの評価は高かったが、理論的根拠やデータによる検証が乏しいとして、学術的には批判も少なくない（Blake & Mouton, 1981; Graeff, 1983; Johansenm, 1990）。

リーダーの優秀さは
配属先によって変わる?!

　同じ人でも、「状況」が異なることでリーダーシップがうまく機能するケースとそうでないケースがある…。山田さんの先輩の伊藤さんがまさに指摘していたことと同じ考え方から導き出されたのが「状況適合理論（コンティンジェンシー理論）」でした。

　「状況」に着目したリーダーシップ理論のなかでも、着眼点は様々でした。フィードラーによるコンティンジェンシー理論では、「リーダーとメンバーの関係性」「課題の構造」「リーダーの権限の大きさ」に着目したのに対し、ハウスらによるパス・ゴール理論では、「メンバー要因」と「タスク要因」に着目していました。そして、ハーシーとブランチャードによるSL理論では、「メンバーの成熟度」に着目点が置かれていました。

　また、様々な「状況」に適したリーダーを考えるうえで、フィードラーのコンティンジェンシー理論では「リーダーの指向は変わらない」と考えられていたのに対し、パス・ゴール理論やSL理論では、「リーダーの行動は変えられる、むしろ状況に

応じて変えるべきだ」と考えられていた点が異なっていました。

　山田さんのリストアップも様々な視点から検討を加える余地があるといえそうですね。

同じ人でもリーダーシップの効果はちがう

5 リーダーとメンバーの「交換関係」 に着目した交換理論

リーダーシップが 成り立つためには

　新部署のリーダー候補のリストアップが思うように進まない山田さん。ついに提出日は明日に迫ってしまいました。各部署のメンバーのリストや経歴を見比べて、特性面や行動面の特徴、これまで経験した部署で置かれていた状況など…様々な視点から検討していきますが、何かが足りないような気がしています。パズルでいうと、最後のピースがはまらないような、そんなモヤモヤした気分です。そこでもう一度、できかけたリストを手に伊藤さんの席に向かいました。

山田　「伊藤さん、ちょっといいでしょうか？」

伊藤　「えっ、またリストの話？　明日は金曜日だから、もうできていないとまずくない？」

山田　「そうなんですよ。それで焦っているんですけれども、何か大事な視点が欠けているような気がして…」

伊藤　「うーん、ヒントねえ。私も、もう思いつくことはないわ。…でも、今までの山田君との話は、どんなリーダーがいいかという話ばかりで、部下のこととか、リーダーを支える側の人の話がなかったかも」

山田　「それは、リーダーの話なので当たり前では…」

伊藤　「だからさぁ、リーダー、リーダーっていうけれども、そもそも部下とか、リーダーを支える側の人たちの存在があってこそリーダーシップって成り立つものよね？」

山田　「そうか、一人だけなら、リーダーシップも何も関係ないはずだ。何か、少しわかったような気がします。では、これで！」

伊藤　「ちょっと山田君！　大事なリストを置きっぱなしにしてはダメでしょ！（…しかし、あれで大丈夫かなあ）」

5-1. リーダーとメンバーの間に生じる交換関係

状況適合理論までの研究では、リーダー個人とリーダーを取り巻く状況への関心が主でした。しかし、リーダーシップは、本来、リーダーがメンバーに影響を及ぼすだけではなく、メンバーがリーダーをリーダーとして受け入れてこそ機能するものです。このように、リーダーとメンバーの関係性を双方向的な観点から研究したリーダーシップ理論を交換理論と総称します[注1]。

5-2. リーダーになる3つの入り口

ところで、人々がある人物を「彼／彼女こそ自分たちのリーダーだ」と認める経路には、どのようなものがあるでしょうか。先のパス・ゴール理論の箇所で登場したハウスらは、人がリーダーとなる経路には、次の3つのパターンがあると説明しています（House & Baetz, 1979）。

■リーダーになる3つの経路

---

①任命されたリーダー　　　（appointed leader）
②選挙で選ばれたリーダー　（elected leader）
③自然発生的なリーダー　　（emergent leader）

---

①任命されたリーダー

任命されたリーダーとは、公式な任命権のある人からリーダーになることを命じられてポジションに就いたリーダーを指します。企業の管理職のように、組織

からの辞令によってリーダーとなった人や、大学の部活で、監督などからキャプテンになるよう任命されたリーダーなどがこれにあたります。

②選挙で選ばれたリーダー

選挙で選ばれたリーダーとは、投票によって選ばれたリーダーです。総理大臣や国会議員などの政治家や生徒会長などのように、有権者や仲間たちから選挙で票を獲得して選出されたリーダーがこれにあたります。

③自然発生的なリーダー

自然発生的なリーダーとは、その場のやりとりによって周囲から自然とリーダーと目されるようになった人を指します。周囲の子供たちから自然とガキ大将とみなされるようになった子供や、企業で役職に就いているわけではないのに、

管理職よりも影響力をもつ人物などがこれにあたります。東日本大震災のときに、誰から指示されたわけでもないのに、人々の救助のために、自ら行動を起こし、その場で指揮をとった人たちも自然発生的リーダーといえるでしょう。

これら3つの経路でリーダーとなったリーダーのうち、人々からの信頼、支持を最も得やすいのは誰でしょうか。それは、③の自然発生的なリーダーです。なぜなら、自然発生的なリーダーには、公式な権限や強制力が伴わないのに、人々がその人についていきたい

という関係が成り立っているからです。キング牧師やガンジーの名が今でもリーダーの代名詞として挙がるのは、彼らが公民権運動や非暴力による独立運動のリーダーとして公式に任命されたわけでも、何らかの強制力をもっていたわけでもないのに、人々が彼らに熱狂的な支持と信頼を寄せていたという事実があるからにほかなりません。

　②の選挙で選ばれたリーダーも、人々からの投票という行為を通して選ばれているという点では、一定以上の信頼、支持を得ているリーダーといえるでしょう。キング牧師と同じ頃に活躍したケネディ大統領は、選挙で選ばれたリーダーであり、人々を惹きつけ続けるリーダーの一人です。

　では、①の任命されたリーダーは、どうでしょうか。皆さんは、皆さんの周囲の任命されたリーダーを心から信頼し、支持していますか？　企業で働いている人であれば、社長や部長などの上司、学生であれば部活のキャプテンやバイト先のリーダーなどを思い浮かべてください。そのなかには皆さんが信頼を寄せている人もいれば、そうでない人もいるかもしれません。

　任命されたリーダーに、必ずしも信頼や支持が伴わないケースがあるのは、リーダーを任命する人とリーダーシップを発揮される側の人が異なることに起因します。たとえば、企業の部長などの管理職は、通常、その上司である事業部長や役員によって任命されます。しかし、実際にその部長がリーダーシップを発揮する相手は、その部のメンバーたちです。よって、任命した上司からは支持されていても、部のメンバーたちからは支持されていないということが起こり得るのです。

　また、任命されたリーダーには、公式な肩書きや役職による権限が伴うことが、メンバーからの信頼、支持が必ずしも伴わないもう1つの理由です。企業の管理職であれば、予算権やメンバーの人事考課の裁量、人事異動の権限を有しています。部活のキャプテンで

あれば、誰を試合に起用するか、練習メニューをどうするかなどを決定する権限を有しています。任命されたリーダーには、こうした権限や強制力という武器があるために、メンバーが仕方なく表面的に従うという関係性が成り立ってしまうのです。

　昨今は、役職定年制度（定年前に、一定の年齢に達した時点で役職から外れる制度）を取り入れる企業が増えています。職場によっては、役職から外れたとたんに、かつてのリーダーに周囲の人がついてこなくなるということが起きているかもしれません。そうしたことが起きている場合は、メンバーがリーダーに従っていた理由が、リーダーの肩書きや権限によるものであり、真にリーダーを信頼し、支持していたわけではないことの表れといえます。組織人として悲哀を感じる場面です。

　もし皆さんが、①任命されたリーダーの立場にある、またはそれを目指す立場にあるのならば、こうした悲しい末路を迎えることにならないよう、まずは、メンバーからの信頼、支持を得られるよう意識したいものです。

5-3. 信頼蓄積理論（特異性－信頼理論）

　そこでここでは、メンバーからリーダーへの信頼がどのように蓄積されるかについて解説しているホランダーによる信頼蓄積理論（idiosyncracy-credit theory）を紹介します（Hollander, 1974, 1978）。

　ホランダーは、当初はリーダーとは目されていなかった人が、どのようなプロセスを経てリーダーと認められるようになるか、いい換えれば、自然発生的なリーダーシップがどのように生じるかについて、「同調性」と「有能性」というキーワードを使って表しました。

同調性

　最初に重要となるのが、「同調性」です。同調性とは、チームのメンバーが行ってきた仕事の手順や、大切にしている規範などを尊重し、重んじることを意味します。

　通常、どんなに優秀な人材であっても、新しいチームに加わったばかりの段階でいきなりリーダーシップを発揮するのは難しいことです。まずは、以前からいるメンバーのやり方を倣い、それを尊重し、従来のやり方に従って一定の成果を上げることを周囲からは期待されます。同調性を示す対象は、仕事の手順や規範などのように明確に確立されたものだけではなく、メンバー間のコミュニケーションの仕方などのように暗黙的なものも含まれます。

　たとえば、本社の経理部で辣腕をふるっていた人材が手腕を買われて、存続が危ぶまれている採算不振の工場の経理担当として着任したとします。着任した工場では、夕方の定時が過ぎても雑談をしたり、工場の清掃をしたりして、コミュニケーションをとることを大事にする文化がありました。本社の経理部から異動してきたこの人材が、本社でいくら成績優秀だったからといって、工場のメンバーのやり方を無視し、17時ちょうどに帰宅することをメンバーに強要したり、本社での仕事の進め方に従うよう指示したりしても、着任早々強引に事を進めては誰もついてくることはないでしょう。

　新しくチームに所属することになった初期の段階では、まずはチームメンバーが大事にしている規範や手順、文化を尊重しながら仕事を進めることが、信頼を獲得するうえでのポイントとなります。

有能性

　しかし、いつまでもメンバーのやり方に同調しているばかりでは、チームをリードしていくことはできません。チームに貢献し、一定の信頼を獲得したあとは、「有能性」を示すことが重要となります。

有能性とは、チームの課題達成への積極的な貢献です。先の例でいえば、工場の利益が上がるよう尽力することがそれにあたるでしょう。

　こうして、チームに対し、「同調性」と「有能性」を示し、メンバーからの信頼が十分に蓄積されたときに、その人材は、チームに新たなやり方を取り入れ、チームを率いていくことを周囲から期待されるようになります。ここでいう「新たなやり方」のことを、ホランダーは「特別に異なる行動」という意味で、「特異行動」と呼びました。それゆえ、信頼蓄積理論は、別名、「特異性－信頼理論」とも呼ばれています。

　信頼の貯金を貯めたら、今度はその貯金を使って新しい行動である特異行動をチームに取り入れます。この段階がリーダーシップを発揮すべきときであり、リーダーシップが発生するタイミングでも

図表1-12　リーダーがメンバーからの信頼を蓄積するプロセス

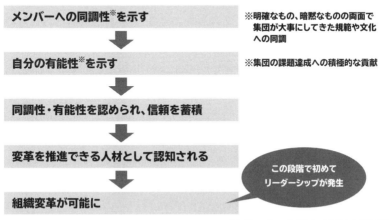

（Hollander, 1974, 1978より作図）

あるとホランダーは述べています。

　先の３つのリーダーへの経路のうち、③自然発生的なリーダーの場合は、メンバーを従える権限や強制力が伴わないため、チームをリードしていくためにはメンバーからの信頼のベースが欠かせません。また、①任命されたリーダー、②選挙で選ばれたリーダーの場合は、権限や強制力という武器をもっているために、メンバーは表面的には従ってくれるかもしれませんが、メンバーから最大限の力を引き出そうとするならば、やはり信頼を得ることは欠かせないといえるでしょう。

　信頼蓄積理論は、かつての「特性理論」「行動理論」「状況適合理論」でのリーダーシップ研究とは異なり、リーダーシップをリーダー個人のものではなく、リーダーとメンバーとの相互作用によって発生するものと捉えているところが新しい点です。

5-4. LMX理論

　リーダーシップを、リーダーとメンバーの相互作用により生じるものと捉える交換理論のアプローチのうち、もう１つ代表的な理論にグレーンらによるLMX理論があります（Dansereau, Graen & Haga, 1975; Graen & Uhl-Bien, 1995）。LMXとは、Leader-Member Exchangeの略で、日本語ではリーダー・メンバー交換理論と呼ばれることもあります。

　LMX理論では、リーダーとメンバーの相互作用に着目しただけではなく、リーダーとメンバーの相互作用のあり方は一律ではない、ということにも着目しました。

　リーダーとメンバーには、通常、何らかの交換関係が生じます。たとえば、リーダーの命令や提案に対して、メンバーが従い、貢献するという関係がある場合、リーダーはメンバーの貢献に対して何

らかの報酬を与えることが一般的です。報酬は必ずしも金銭などの物理的なものだけではなく、称賛や激励などの心理的なものも含まれます。このようにリーダーとメンバーの間で、特定の利益を獲得するために互いの資源をやりとりし合うことを、社会的交換と呼びます（Homans, 1974）。

LMXの一連の研究で、この社会的交換がリーダーと全てのメンバーで一律ではなく、リーダーと個々のメンバーとの関係性によって差が生じることをグレーンらは明らかにしました。

交換の差は、個々のメンバーが、リーダーと関係性が良いイングループ（内集団）に属するか、リーダーとの関係性があまり良くないアウトグループ（外集団）に属するかによって生じます。リーダーとメンバーの間の関係性の認識は、リーダー側からの評価とメンバー側からの評価には高い相関があり、リーダーが良い関係だと思っている場合はメンバーもそう思っている可能性が高く、逆もまた

図表1-13　社会的交換

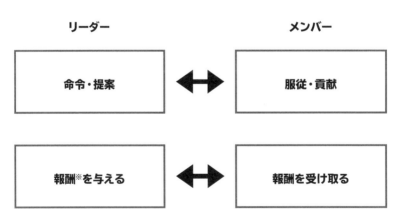

※報酬…給与、昇進、優遇、支援など

然りでした（Grean & Chashman, 1975）。

両者の関係性が良い場合には、リーダーからメンバーへの物理的、心理的な報酬が増し、逆に両者の関係性が悪い場合には、メンバーが全く同じ行動をとっていても、物理的、心理的な報酬が減ることがわかっています。

リーダーの立場にある人からすると、良い関係にあるメンバーはかわいく、そうでないメンバーはかわいくないため、物理的、心理的な報酬に差が生じてしまうのは当然と思うかもしれません。しかし、ここで注意すべき点は、関係性の認識の良し悪しが、メンバーがもたらす業績や組織コミットメントとも高い関連を示している点です（Gerstner & Day, 1997）。

つまり、リーダーの側が、あるメンバーをアウトグループ（外集

図表1-14　メンバーとリーダーとの相互作用

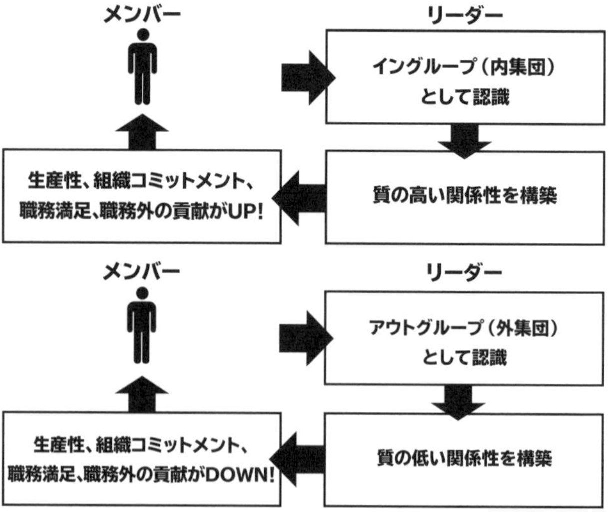

（Dansereau, Graen & Haga, 1995 より作図）

団）として、いってみればかわいくないメンバーだとみなすことで、そのメンバーからの力を十分に引き出せなくなってしまうことが科学的に明らかにされているのです。

そして、リーダーとメンバーの間のこうした関係性は、メンバーのキャリアに長期間にわたり影響を及ぼすことも明らかになっています。大手百貨店に入社した新入社員を対象として、若林・南・佐野（1980）が実施した研究からはじまった継断調査では、入社3年間の上司・部下の関係性が、部下の入社13年後の昇進速度、昇進可能性、給与に影響を及ぼすことがわかっています（若林，1987）。

昇進速度に至っては、入社23年後においても影響を与えていました（Graen, Dharwadkar, Grewal, & Wakabayashi, 2006）。初期に構築された関係性が、20年以上にもわたり影響を及ぼしてしまうとは、実に驚くべき結果です。

なお、初期の関係構築に成功し、イングループ（内集団）となったメンバーとリーダーとは、関係性が時間とともに成熟し、その場だけのギブ・アンド・テイクの関係を超えて、相互に信頼が高まり、自発的な組織貢献行動がメンバーから引き出されるようになることもわかっています（Graen & Uhl-Bien, 1995）（**図表1-15参照**）。

したがって、リーダーの立場にある人は、関係構築の初期の段階に、アウトグループ（外集団）のメンバーをなるべくつくらないように留意することが重要であり、メンバーの立場にある人は、自分がアウトグループ（外集団）とみなされないように留意することが重要といえます。

図表1-15　メンバーとリーダーのパートナーシップ[注2]が構築されるプロセス

段階1：他人（stranger）
● リーダーとメンバーは組織での役割に基づきギブ・アンド・テイクによる関係を構築
● メンバーは、リーダーによる何らかの報酬を期待してリーダーの要求に従うという関係

段階2：知人（acquaintance）
● 交換関係の頻度が増し、公私にわたり情報や資源を交換する状態
● ただし、交換は相変わらずギブ・アンド・テイクの関係

段階3：成熟したパートナーシップ（mature partnership）
● 長期にわたる交換の結果、行動面だけでなく相互に尊敬・信頼する総合的互恵関係
● 共通目的への責任意識および内面化がなされ、メンバーの職務外行動が向上

（Graen & Uhl-Bien, 1995より作図）

5-5. 交換理論の限界

　交換理論では、リーダーからの命令や提案に対して、メンバーが従い、その対価としてリーダーがメンバーに物理的、心理的な報酬を与えることが前提となっています。そして、そこでの両者の交換関係のあり方に着目します。こうした交換理論に基づくリーダーシップは、小規模のグループに対し、決められたことを決められたやり方で行う場合には、有効に機能します。

　しかし、激変する経営環境下で、組織レベルの変革を推進し、大勢のメンバーを意識面から変えていくことが求められる状況においては、交換理論に基づくリーダーシップだけでは十分ではありません。そこで再び新たなリーダーシップ研究の扉が開くことになります。

注1　リーダーシップ研究の交換理論は、社会学の影響も多分に受けている。社会学者のホーマンズは、人と人との相互作用を「社会的交換」と呼び、人が行動を起こす理由を、過去の他者からの働きかけに求めた（Homans, 1974）。これを社会的交換理論と呼ぶ。たとえば、リーダーがボーナスをくれたから、リーダーのために一生懸命に働くという現象も社会的交換の1つの例といえる。

注2　グレーンらは、メンバーとリーダーとのパートナーシップが構築されるプロセスをLeadership Making Modelとして提示している（Graen & Uhl-Bien, 1995, p 231）。

リーダーシップが
成り立つためには

　先輩の伊藤さんが山田さんにくれたヒントは、リーダー本人だけではなく、リーダーシップを発揮される側にも目を向けるということでした。そして、本節で解説した交換理論は、まさにリーダーシップを発揮される側にも目を向けた理論といえます。

　交換理論は、リーダーとメンバーの間になされる交換関係や両者の関係性に着目した理論です。リーダーとメンバーに良好な関係が築かれるうえで重要な要素の1つが「信頼」です。ホランダーは、「同調性」と「有能性」というキーワードを使って、周囲からの「信頼」が蓄積され、リーダーシップが成立するまでのプロセスを表しました。

　また、LMX理論では、リーダーとメンバーの間の相互作用のあり方は一律的ではなく、リーダーと個々のメンバーの間で異なるということを明らかにしました。

　交換理論の研究が盛んに行われるようになったのは、1960年代から1970年代にかけてです。この時期、日本は高度経済成長期であり、世界的には東西冷戦構造という一種の安定期のなかで、西側先進国を中心に経済や産業が右肩上がりに発展を続けていた時期です。いってみれば、平時のリーダーシップが前提とされていた時代でした。

　しかし、その後、1980年代に入ると、それまでのような右肩上がりの成長が見込めなくなっていきます。そこで登場してくるのが「変革」というキーワードです。

　さぁ、山田さんは、このキーワードにどう対応すればいいのでしょうか。

リーダーとメンバーの関係は一律ではない

6 組織を「変革」できる経営トップの特徴に迫った変革型リーダーシップ理論

変革を推進できるリーダーとは

　前週末にリストを提出して、ほっと一息ついた山田さん。提出が終わり、土日もゆっくり休めたことから、月曜日の朝は上機嫌で出社しました。伊藤さんをはじめグループの皆と、始業前の雑談も弾みます。すると、内線が鳴りました。「山田さん、大谷部長がお呼びですよ。すぐに来てほしいって」「ええっ、もしかしてリストのダメ出しかな…」山田さんは、足取りも重く、恐る恐る部長室の扉をノックしました。

山田　　　「失礼します。提出したリストに、何か問題があったのでしょうか（汗）」

大谷部長　「いやいや、そうじゃないよ。週末に目を通したけれども、なかなかいい着眼点だったと感心してね。色々な視点からよく考えられているよ」

山田　　　「ありがとうございます！（まずは、怒られなくてよかった…）」

大谷部長　「ま、伊藤さんがだいぶフォローしたんだろうけれど…。で、今回のリストアップは、いわば初級リーダー

のレベルだった。そういう人材ももちろん大切だが、
　　　　会社としては今後もっと大きな視点から組織全体を
　　　　変革できるような、経営幹部クラスの人材も必要だ
　　　　と考えている」

山田　　「おっしゃるとおりです（でも、それはもちろん異
　　　　動1年目の僕の仕事じゃないよね？）」

大谷部長　「それでだ。次のミッションだけれども、会社全体
　　　　を大きく変革できる推進力のある人材を経営幹部候
　　　　補として把握しておきたいと思っているんだ。社長
　　　　や常務も、時代の変化に対応できるリーダーが必要
　　　　だと考えているみたいだし、経営層から指示が出る
　　　　前に、人事部としてそのような人材に必要な要素を
　　　　整理しておきたいんだよね。ちょっとまとめてみて
　　　　くれるかな」

山田　　「ええっ！　私がですか？」

大谷部長　「もちろん、山田さん一人でやれとはいわない。鶴
　　　　岡課長にも話しておくから、グループで協力して検
　　　　討してみてよ」

山田　　「…えーっと…、それで、期限はいつでしょうか？」

大谷部長　「年内最後のタイミングでは社長に上申しておきた
　　　　いな。ええと、今からだと事前チェックもあるから、

約２週間ってところかな」

山田 「わかりましたっ！（…って２週間で社長に上申！？、
　　　こりゃまた大変だ）」

6-1. 激変の時代に待望された変革型リーダー

　リーダーシップ研究は、主にアメリカによって牽引されてきました。そのアメリカの経済は、1980年代、「双子の赤字」と呼ばれる膨大な貿易赤字と財政赤字に直面します。当時は、アメリカの屋台骨であった自動車や鉄鋼などの製造業で、多くの企業が日本企業の躍進に押され、経営が逼迫していました。経営環境がそれまでとは激変したために、リーダーの立場にある人々は、従来のように、決められたことを決められたやり方で行うだけでは、組織の持続的な成長をリードできなくなっていきました。

　ピューリッツァー賞を受賞した歴史家のバーンズは、1970年代の終わりに、平時の時代に機能した交換型リーダーシップとは一線を画する、メンバーの意識から変えていく変革型リーダーシップの必要性について論じています（Burns, 1978）。それをきっかけとして、ニューヨーク州立大学のバスによって、変革型リーダーシップの概念が整理されました（Bass, 1985）。時を同じくして、ベニスらによるビジョナリー・リーダーシップ（Bennis & Nanus, 1985）、コンガーらによるカリスマ型リーダーシップ（Conger & Kanungo, 1987）、コッターによる変革型リーダーシップ（Kotter, 1990）など、人々の前面にたって社会や組織の変革を率いていく、強いリーダーの重要性を論じた理論が次々と提唱されるようになりました。

　そこで、本節では、変革型リーダーシップと総称される[注1]これらの理論を順に紹介していきます。

6-2. ビジョナリー・リーダーシップ

　最初に紹介するのは、南カリフォルニア大学リーダーシップ研究所の初代所長を務め、同大学の教授でもあったベニスらによって提

唱されたビジョナリー・リーダーシップ（visionary leadership）
です（Bennis & Nanus, 1985）。ベニスは、レーガン、カーターな
どのアメリカ大統領のアドバイザーを務めた人物でもありました。

　ベニスらは、激変するアメリカ経済の真っ只中に企業変革を推進
した経営者および公共センターの卓越したリーダーなど合計90名に
綿密な調査を行い、90名のリーダーが体現していた４つの共通点を
明らかにしました。それが、図1-16の①から④です。

①人を引きつけるビジョンを描く

　「人を引きつけるビジョンを描く」とは、人々が賛同したくなる、
注力すべき焦点をつくりだすことです。ベニスらは、インタビュー
した90名のリーダーたちが皆、魅力的なビジョンによって、周囲の
人々を引きつけていることに気がつきました。ベニスらが調査した
リーダーたちは、交換型リーダーシップのように物理的、心理的な

図表1-16　変革を推進している優れたリーダーに共通していた
　　　　　４つの戦略

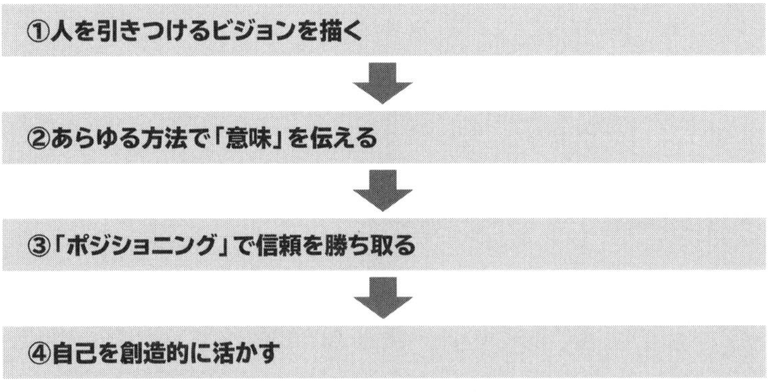

①人を引きつけるビジョンを描く

②あらゆる方法で「意味」を伝える

③「ポジショニング」で信頼を勝ち取る

④自己を創造的に活かす

（Bennis & Nanus, 1985より作図）

報酬によってメンバーの行動を引き出すのではなく、魅力的なビジョンによってメンバーの力を引き出していたのです。

　そして、ビジョンを描く際には、過去・現在・未来の時間軸からの情報を巧みに統合していました。組織は過去、どのような歩みを経てきたのか。そして、現在はどのような強み・弱みをもち、どのような競争環境に置かれているのか。将来、組織を取り巻く環境はどのように変化していくのか。こうしたことを大局的に捉え、リーダーたちは、ビジョンを描いていました。

　同じ頃に変革型リーダーシップの研究をしていたティシーらは、「企業の創業者は何もないところからロープ（技術面・社内政治面・社風の3側面からなるロープ）を編むが、変革型リーダーは、古いロープをほどいてまた編み直す、ということをしなければならない」と述べています（Tichy & Devanna, 1986）。

　会社を一から興す創業者と異なり、歴史ある企業で変革を推進していくリーダーは、過去・現在・未来を捉えながら、魅力あるビジョンを設定し、物事を推進していくことが求められるのです。

■コラム　全日空の企業CM「きたえた翼は、強い。」

　日本の航空会社の全日空は、かつて「きたえた翼は、強い。」というメッセージを掲げたコーポレートCMを放映していました。このCMでは、全日空の過去の歩みを振り返ったうえで、現在、そして将来の全日空の挑戦が描かれています。このCMは、感動するCMとして話題となりましたが、過去・現在・未来の3つの時間軸を捉えたメッセージは、人の心を打つことを体現したCMといえるでしょう。

②あらゆる方法で「意味」を伝える

　優秀なリーダーたちに次に共通していた点が、描いたビジョンが実現することよる「意味」を伝えることでした。どんなに素晴らしいビジョンを描いても、人々にそれを伝えなければ、何も実現することはできません。ベニスらが調査したリーダーたちは、共通して様々な工夫を凝らしてビジョンの意味を人々に伝えていました。そして、ビジョンの意味を伝えることによって、周囲の人々の熱意や参加意欲をかきたてていました。ベニスらは、リーダーの重要な役割は、「どうやるか」の前に、まず「なぜ、それをするのか」を考えるところにある、と述べています。

　アメリカで公民権運動を主導したキング牧師は、有名な「Ｉhave a dream…」から始まる演説の中で、公民権運動が実を結ぶことが、どのような意味を為すかを、人々が自分の生活に結びつけて具体的に想像できる言葉や表現を用いて、訴えかけました。キング牧師のビジョンが多くの人々の賛同を得ることができたのは、この「意味」を伝える、という点が優れていたからです。

■コラム　キング牧師の演説 「Ｉ have a dream…」

　キング牧師は、演説で以下のようなメッセージを大衆に投げかけました。「私には夢がある」というキーフレーズの後に、公民権運動が実を結んだ世の中の姿を具体的に描くことで、ビジョンが実現することがどのような「意味」をもつのか、大衆一人ひとりがイメージできるように訴えかけたのです。

　私には夢がある。いつの日か、この国が立ち上がり、「すべての人間は平等につくられているということは、自明の真実である」というこの国の信条を、真の意味で実現させるという夢が。

　私には夢がある。いつの日か、ジョージア州の赤土の丘で、かつての奴隷の息子たちとかつての奴隷所有者の息子たちが、兄弟として同じテーブルにつくという夢が。

　私には夢がある。いつの日か、不正と抑圧の炎熱で焼けつかんばかりのミシシッピ州でさえ、自由と正義のオアシスに変身するという夢が。

　私には夢がある。いつの日か、私の四人の幼い子どもたちが、肌の色によってではなく、人格そのものによって評価される国に住むという夢が。

ビジョンを伝える方法は、言葉を用いるリーダーもいれば、音楽など言葉以外の手段を用いるリーダーもいます。方法は多岐にわたりますが、優れたリーダーたちは皆、関わる人々が「全員同じ意味を共有すること」そして「全員同じように状況を理解すること」を目指し、ビジョンの「意味」を伝えていました。変革を実現するためには、魅力的なビジョンを描くことと同じぐらいに、ビジョンを周囲に伝える粘り強いコミュニケーションが重要であることがわかります。

③「ポジショニング」で信頼を勝ち取る

　第1章5-3のホランダーによる信頼蓄積理論の箇所でも信頼の重要性については触れましたが、変革を推進するリーダーたちの調査をしたベニスとナヌスも、信頼の重要性について言及しています。ベニスらの場合は、信頼の源を「ポジショニング」という言葉を用いて説明しています。

　少しわかりにくい表現ですが、ここでいうポジショニングとは、リーダーのビジョンを実現するための一連の行動のことを指します。ビジョンの実現に向け、リーダーは、行動に一貫性を示し、自分の立ち位置を確立する必要があります。調査対象となった90名のリーダーの同僚や部下たちに、リーダーについての評価を尋ねたところ、最も多用されていたワードは、「言行一致」でした。

　ベニスらの調査では、リーダーたちがビジョンの実現を心から信じ、実現に向けてやり遂げる姿が、周囲からの信頼を引き寄せることを明らかにしています。

　ポジショニングは、目指す最終地点であるビジョン実現のためのプロセスのあり方といえるでしょう。リーダーのビジョン実現までの途中経過のあり方が一貫していることによって、周囲の人々はリーダーに信頼を寄せるのです。

④自己を創造的に活かす

　優れたリーダーたちに共通していた最後の点は、自己を創造的に活かすということでした。自己を創造的に活かす、ということについて、ベニスらは「肯定的自己観」と「ワレンダ要因」という言葉を用いて説明しています。

肯定的自己観

　ベニスらが、リーダー90名に「あなたの強みと弱みは何ですか」という質問を投げかけると、多くのリーダーは、自分の強みについては雄弁に語りましたが、弱みについては最小限にしか語りませんでした。これは彼らが弱みを認識していなかったということではなく、弱みにあまりこだわっていなかったためでした。リーダーたちは「自己観」、つまり自分についての評価を肯定的に捉えているという特徴があったのです。そして、こうした肯定的自己観をもつリーダーたちには次の3つの特徴もみられました。

■肯定的自己観をもつリーダーの特徴

> ・自分の強みを知っている
> ・自分の強みを伸ばしている
> ・自分の強みが組織の要求と一致しているかを見極めている

　肯定的自己観をもつリーダーは、自己の強みを明確に認識して仕事を楽しみ、自分だけではなく、周囲のメンバーにも肯定的な眼差しを向けていました。

ワレンダ要因

　「ワレンダ要因」とは、将来の見通しを意味します。ワレンダ要因の名は、綱渡り芸人として有名だったカール・ワレンダ氏の名に由来します。ワレンダ氏は、過酷な場で綱渡りを何度も成功させていましたが、1978年に遂に綱から落ちて墜落死をしてしまいます。後からわかったことですが、ワレンダ氏は、それまで綱渡りに成功していたときには、渡りきることだけをイメージし、落ちることを意識したことはなかったといいます。しかし、彼の死につながってしまった最期のチャレンジのときだけは、「落ちないこと」に意識を向けていたといいます。

　こうした逸話から、ベニスらは将来の見通しのことを「ワレンダ要因」と名づけました。そして、ベニスらが調査したリーダーたちは、かつてのワレンダ氏がそうであったように、将来の見通しを非常にポジティブに捉え、失敗のことなど考えもしていないという共

図表1-17　肯定的自己観とワレンダ要因

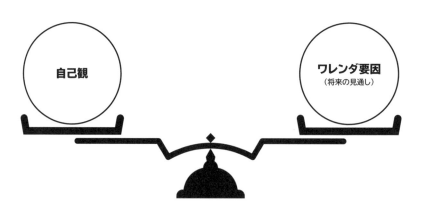

ともに肯定的であることが大事！

通点があったのです。優れたリーダーたちは、前向きな目標をもち、失敗の言い訳を探すのではなく、目の前のビジョンの実現に全力を注いでいました。

　優れたリーダーたちは、自己観とワレンダ要因（将来の見通し）の両方を肯定的に捉え、周囲の人々にも肯定的な見通しを示して接していました。こうした楽観性が、ビジョンを実現する楽しさや喜びを生み出し、周囲の人々を引きつけ、「あのリーダーと一緒に綱を渡りたい」という気持ちを起こさせるのだといえます。

■コラム　IBM社創業者トム・ワトソン氏の逸話

　ベニスらの書籍のなかでは、IBM社の創業者トム・ワトソン氏のこんなエピソードが紹介されています。

　ある事業で、IBM社のマネジャーが1,000万ドルを超す損失を出してしまいました。すっかり落胆していたマネジャーを、ワトソン氏は社長室に呼び出します。損失を出したマネジャーは、クビを覚悟し、神妙な顔で「私は解雇でしょうか」と

社長であるワトソン氏に尋ねました。すると、ワトソン氏はこんな言葉を投げかけたといいます。「何を寝ぼけたことを言っているんだ。君の教育に1,000万ドルを使ったばかりだというのに」。

6-3. カリスマ型リーダーシップ

　変革を推進できるリーダーの特徴として、カリスマ性に着目した理論も、この頃提唱されています。ここでは、コンガーとカヌンゴによるカリスマ型リーダーシップ（charismatic leadership）について紹介します（Conger & Kanungo, 1987）。

　彼らは、リーダーがどのような行動をとると周囲の人々にカリスマ性を感じさせるのかを研究しました。コンガーらがこの理論を提唱した1980年代のアメリカは、本節の冒頭で記したように国が双子の赤字に直面していた頃でした。そして、当時のアメリカがそうであったように、人々が将来に不安や心配を抱く状況では、人々がリーダーに頼りたくなる心境から、リーダーのカリスマ性が認識されやすくなることをコンガーらは指摘しています（Conger & Kanungo, 1988）。

図表 1-18
人々にカリスマ性を感じさせるリーダーの６つの行動特性

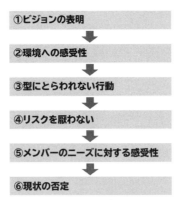

（Conger & Kanungo, 1987より作図）

コンガーらは、研究結果から、カリスマ性を人々に感じさせるリーダーの6つの行動特性を特定しています。それが、次の6つです。

①ビジョンの表明

1つめは、ビジョンを表明することです。自分たちが向かっていく先であるビジョンを伝えるという点は、先のビジョナリー・リーダーシップと同様です。変革を推進するためには、まずは向かう先を示し、人々が引きつけられるような表現を用いてメッセージを発信することが重要です。

②環境への感受性

環境への感受性とは、自分たちを取り巻く環境の変化をいち早く察知し、チャンスやリスクを捉えることを意味します。組織が変革を必要とするのは、従来のやり方では機能しない状況に環境が変わったためです。変革の必要性を敏感に察知する力がないリーダーには、人々は変革の手綱を渡したいとは思いません。

③型にとらわれない行動

変革が変革たるゆえんは、それまでのやり方と大きく変わるやり方を組織に導入するからです。従来のやり方が機能しなくなった際、問題の本質がどこにあるのかを素早く見極め、問題解決のために有効な、これまでにないやり方を見つけなければなりません。

ただし、型にとらわれない行動とは、これまでのやり方を何でも変えたり、何の根拠もないのに思いつきでやり方を変えたりすることではありません。リーダーがそのような場当たり的な行動をとると、周囲のメンバーたちは疲弊してしまいます。変えるべき核心を捉え、情報を整理したうえで十分に練られた打開策を打っていくことが重要です。

④リスクを厭わない

　これまでと異なるやり方やルールを取り入れることにはリスクが伴います。リスクに対し、リーダーが自己犠牲を厭わず、自ら責任をとる覚悟で臨むことで、人々もその姿勢に感化されるようになります。

⑤メンバーのニーズに対する感受性

　変革には痛みが伴います。なぜなら、これまで良いとされていたやり方を否定しなければならないからです。変化の必要性は感じていても、慣れ親しんだやり方やこれまで肯定されてきたやり方を否定することは難しいものです。リーダーは、メンバーの心の動きに絶えず気を配り、必要なフォローを行うことが求められます。

⑥現状の否定

　組織が成長を続けていくためには、環境変化に常に適応していかなければなりません。リーダーは、既存のやり方に安住するのではなく、変化へのアンテナを高く張り、これまでのやり方で変えるべき点はないか、現状のやり方に常に問題意識をもち続けることが必要です。

　コンガーとカヌンゴが提示した６つの行動特性の内容をイメージしやすくするため、彼らが作成したカリスマ型リーダーシップを測定するための項目を図表１-19に紹介します。カリスマとは、周囲の人々がカリスマと認識することによって初めて成立するものであることから、項目の回答は周囲の人々が行う構成になっています。

　さて、皆さんの身近にいるリーダーや皆さん自身は、いくつの項目があてはまるでしょうか。

図表1-19 カリスマ型リーダーシップを測定する項目

①ビジョンの表明

リーダーは、私たちが刺激を受けるような内容の話をする
リーダーは、私たちの前で話をする技術が身についている
リーダーは、私たちの仕事の重要性を私たちに話し、仕事へのやる気を出させる
リーダーは、しばしば経営における将来の可能性について話す
リーダーは、私たちにやる気を起こさせる戦略と目標を与える
リーダーは、今後の経営についての新しい考えを常に生み出す

②環境への感受性

リーダーは、目標の達成を妨げる不景気などの社会的・文化的な問題をすぐ察知する
リーダーは、目標の達成を妨げる設備・人手などの物質的な問題をすぐ察知する
リーダーは、目標達成を妨げる人間関係など組織内の問題をすぐ察知する
リーダーは、私たちの能力や技術を知っている
リーダーは、私たちの仕事の限界を知っている
リーダーは、目標達成を促す新しいチャンスをすぐ察知する
リーダーは、起業家的で、目標を達成するための新たな機会を決して見逃さない

③型にとらわれない行動

リーダーは、目標達成のために型やぶりな行動をとる
リーダーは、目標達成のために非伝統的な手段を用いる
リーダーは、私たちが驚くような独特な行動をしばしば見せる

④リスクを厭わない

リーダーは、目標達成のために相当な危険を冒す
リーダーは、目標達成のために相当な犠牲をはらう
リーダーは、組織のために相当な危険を冒す

⑤メンバーのニーズに対する感受性

リーダーは、私たちのニーズや感情を敏感に察知する
リーダーは、私たちに好意や敬意を抱かせることで私たちに影響を与える
リーダーは、私たちのニーズや感情についてしばしば関心を示す

⑥現状の否定

リーダーは、今の経営体制や普通のやり方を維持しようとする（逆転項目）
リーダーは、目標達成に向けて無難なやり方に従うことを主張する（逆転項目）

（Conger & Kanungo, 1994をもとにした淵上, 2002 p57より作成）

6-4. 変革型リーダーシップ

次に、変革型リーダーシップ理論のなかでも実務の領域で最も有名なコッターよる理論を紹介します。コッターは、33歳という若さでハーバード大学の教授に就任した人物で、リーダーシップ研究の大家として世界中に知られている権威です。

コッターも、他の変革型リーダーシップの研究者たちと同様に、1970年代の終わりから1980年代に多くのアメリカ企業が厳しい競争にさらされるようになったことをきっかけに、それまでとは異なるリーダーシップのあり方が必要だと考えました。

コッターの理論の特徴的な点は、「マネジメント」と「リーダーシップ」を分けて考えたことでした[注2]（Kotter, 1990）。図表1-20は、コッターによって提示されたマネジメントとリーダーシップの違いを簡略化したものです。コッターの区分によるマネジメントは

図表1-20　コッターによるマネジメントとリーダーシップの比較

	マネジメント	リーダーシップ
目標段階	計画立案と予算策定	方向性の提示
準備段階	組織化と人材配置	メンバーの連携促進
実行段階	管理と問題解決	意欲と発想の喚起
もたらす結果	確実性と秩序	大規模な変革

（Kotter, 1996より修正作表）

維持・安定を指向しており、リーダーシップは変化を指向している
というとイメージがわきやすいでしょうか。

　当時の多くのアメリカ企業は、従前のやり方で経営の安定を図る
ことは見込めない状況に直面していたため、現状を打開する組織変
革が強く求められており、それゆえに変革を指向するリーダーシッ
プの重要性をマネジメントと区分して、コッターは強調しました。

　なお、誤解されがちな点ですが、コッターは、リーダーシップを
マネジメントよりも高次で価値が高いものだとしているわけではあ
りません。マネジメントとリーダーシップは、組織を発展させてい
くためにはともに重要な欠かせざるものとコッターは考えており、
両方がバランスよく存在することが重要であると述べています
（Kotter, 1990）。

　もう1つの留意点は、ここで示したマネジメントとリーダーシッ
プの区分は、あくまでもコッターの理論に基づくものであるという
点です。つまり、コッターのマネジメントとリーダーシップの定義
のされ方が普遍のものではない、ということです。

　たとえば、ドラッカーは、コッターがいうところのマネジメント
とリーダーシップの両方を包含する経営活動全般のことをマネジメ
ントという表現で表しています。また、その逆に、リーダーシップ
という表現を用いて、コッターがいうところのマネジメントとリー
ダーシップの両方の内容を示しているケースもあります。

　したがって、リーダーシップやマネジメントという表現にはあま
りこだわりすぎず、リーダーの立場にある人は、先の**図表1-20**に
示されている両方の行動をバランスよく担うことを意識し、直面し
ている状況に応じて、動き方を使い分けることが重要であるという
点を、ぜひ押さえておきましょう。

では、コッターがいうところのリーダーシップを発揮して、組織変革を推進していくためには、どのようなプロセスを辿ればよいのでしょうか。コッターは、多くの企業事例を分析した結果、変革に必要なプロセスを**図表1-21**の8つに集約しています（Kotter, 1990）。

　コッターは、これらのプロセスを順に段階的に進めていくことが組織変革を成功させるキーであり、プロセスを飛ばすことは、変革のつまずきの要因になると指摘しています。

　理解しやすいよう、コッターが示した組織変革の8つのプロセスを大学の運動部の例にあてはめて考えてみましょう（**図表1-22参照**）。

　ある運動部のリーダーが、「自分の部は、このままではいけない」と変革の必要性を感じていたとします。部員たちに、声高に「変革！変革！」と連呼したところで、誰もついてきません。そこで、コッターのプロセスを取り入れてみるとどうなるでしょうか。

　まずは、「①危機感を植えつける」です。リーダーが感じている危機感を部員と共有する必要があります。リーダーはまず、部員たちを集めて、「このままでは試合に勝てない」「競合チームはもっと練習に励んでいる」といった具合に、部の現状を多面的な情報から伝えます。

　次に必要となるのが「②同志を募る」です。リーダー一人で張り切っていても、一対多の関係となってしまい、部員はしらけてしまいます。そこで、自分と同じようにチーム変革を進めてくれそうな中枢メンバーをつくります。

　ここまでの準備ができたら、「③ビジョンを打ち出す」段階に移ります。部員の心に危機感が備わり、リーダーを支えてくれる中枢メンバーを確保したら、どの方向に部が変わっていきたいか、たとえば「日本一のチームになる」などのようにインパクトのあるメッセージで部員たちにビジョンを発信します。

図表 1 -21　組織変革のための 8 つのプロセス

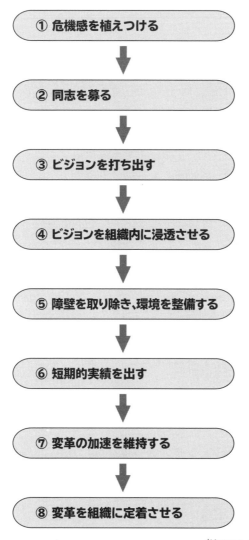

① 危機感を植えつける

② 同志を募る

③ ビジョンを打ち出す

④ ビジョンを組織内に浸透させる

⑤ 障壁を取り除き、環境を整備する

⑥ 短期的実績を出す

⑦ 変革の加速を維持する

⑧ 変革を組織に定着させる

（Kotter, 1990より作図）

しかし、一度ビジョンを打ち出しただけでは、部員たちはすぐに忘れてしまうでしょう。そこで、「④ビジョンを組織内に浸透させる」ために、ことあるごとにビジョンに言及し、「日本一のチームになる」ということが部員たち一人ひとりにどのような影響を及ぼすか、ビジョンを実現することのプラスの意味を伝えます。

　「⑤障壁を取り除き、環境を整備する」こともリーダーには求められます。変革を推し進めるには、これまでとは異なる考え方や行動を取り入れることが欠かせません。ときには、その過程で部員たちが抵抗を示したり、問題を抱えたりすることもあるでしょう。たとえば、試合に出る回数を増やすことで大学の学業に支障がでるかもしれません。そのような際には、リーダーは、周囲とかけあって公式試合の際には欠席のカウントを免除してもらえるように学校に交渉するなど、部員たちが変革に挑むにあたって抱える問題や障壁への手立てを打つことが求められます。部員たちが安心して変革に挑める環境を整備することもまた、リーダーの役割なのです。

　次は、「⑥短期的実績を出す」です。苦しい練習を続けていても、成果を感じられないと人はやる気をなくしてしまいます。部員たちのモチベーションを高めるためには、勝てる試合の場をセッティングして勝ちグセをつけさせるなどして、部員たちに「自分たちは変わっていけそうだ」という自信をもたせることが重要です。

　変革の弾みがついてきたら「⑦変革の加速を維持する」ことに留意します。ここで手を緩めてしまうと、部員たちの緊張感も薄れ、以前の部の状態に戻ってしまいます。リーダーは、中枢の部員たちとともに、ライバル校に打ち勝つ工夫や、部の力を高めるための基礎練習メニューを充実させるなどして、変革のペースを維持し、高めていくことが求められます。

　最後の仕上げが、「⑧変革を組織に定着させる」ことです。変革を推進してきたリーダーである自分も、いつかは大学を卒業し、部

図表1-22

コッターの変革プロセスを運動部の変革にあてはめた例

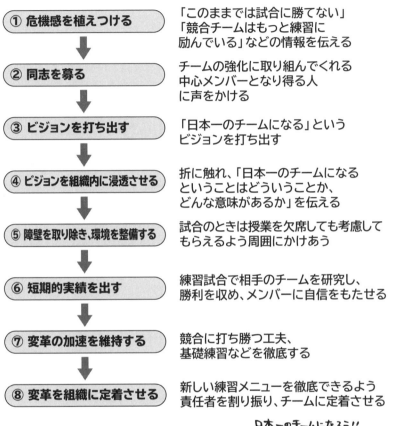

① 危機感を植えつける
「このままでは試合に勝てない」
「競合チームはもっと練習に
励んでいる」などの情報を伝える

② 同志を募る
チームの強化に取り組んでくれる
中心メンバーとなり得る人
に声をかける

③ ビジョンを打ち出す
「日本一のチームになる」という
ビジョンを打ち出す

④ ビジョンを組織内に浸透させる
折に触れ、「日本一のチームになる
ということはどういうことか、
どんな意味があるか」を伝える

⑤ 障壁を取り除き、環境を整備する
試合のときは授業を欠席しても考慮して
もらえるよう周囲にかけあう

⑥ 短期的実績を出す
練習試合で相手のチームを研究し、
勝利を収め、メンバーに自信をもたせる

⑦ 変革の加速を維持する
競合に打ち勝つ工夫、
基礎練習などを徹底する

⑧ 変革を組織に定着させる
新しい練習メニューを徹底できるよう
責任者を割り振り、チームに定着させる

日本一のチームになろう!!

を去るときが来ます。リーダー役が交代となった後も、部が輝かしい未来を築けるよう、部員一人ひとりの心に変革の重要性を根づかせ、中枢部員だけではなく、よりたくさんの部員が変革を推進していけるよう、部の文化をつくっていくのです。

　どうでしょうか。何だかこの運動部はうまく変革を遂げられるような気がしてきませんか。コッターの理論をはじめ、変革型リーダーシップと総称される多くの理論は、このように実務で活用できるヒントをたくさん与えてくれます。皆さんのグループや組織にも活かせるヒントを見つけ、ぜひ実践してみましょう。

6-5. あるべき像を示すだけではリーダーは育たない

　ビジョナリー・リーダーシップ、カリスマ型リーダーシップを含む一連の変革型リーダーシップ理論では、それ以前の交換型リーダーシップと比較すると、「リーダーが極めて高次の変革を目指すこと」「象徴的なメッセージを多用すること」「メンバーからの高い意欲や献身を求めること」などがその特徴として挙げられます（Bryman, 1993）。変革型リーダーシップを発揮することができれば、たとえ厳しい環境に置かれても、多くの人々の力を引き出し、事を進めていくことができるでしょう。

　しかし、皆さんは、変革型リーダーとしての望ましい行動を知ったからといって、すぐにその行動を取り入れて優れたリーダーへと変身を遂げられるでしょうか。リーダーシップ理論をどれだけ学んでも実践が伴わなければ意味がありません。そこで、第2章からは、リーダーがどのようなプロセスで成長を遂げるのかを扱ったリーダーシップ開発論を含む、より新しい理論を紹介していきます[注3]。

注1　変革型リーダーシップは、英語ではtransformational leadership（Burns, 1978）や transformative leadership（Bennis & Nanus, 1985）などいくつか異なる用語で示されて いるが、基本的には同様なリーダーシップを描いている。

注2　マネジメントとリーダーシップの違いについて最初に議論を展開したのは、ザレズニッ ク（1977）である。ザレズニックは、変化を推進するリーダーと組織を維持するマネジ ャーは、異なる資質をもつ人材であるとし、両者を区別して育成する必要性を説いた。

注3　リーダーシップが養われる過程については、第2章第1節で解説するリーダーシップ開 発論だけではなく、ベニスなども自説を展開している（Bennis & Thomas, 2002）。

変革を推進できる
リーダーとは

　新部署のリーダー候補をリストアップするという大役を終え
てほっとしていた矢先に、今度は新しい時代の経営幹部に必要
とされるリーダーの要素についてまとめるように指示された山
田さんでしたが、本節での変革型リーダーシップ理論のなかに
そのヒントが隠れていそうです。

　変革型リーダーシップの研究は、1970年代から1980年代に
かけてアメリカの経営環境が激変したことからはじまりました。
そして、主な対象は、強力なリーダーシップによって組織変革
を率いていた経営層でした。

　ビジョナリー・リーダーシップでは、人々を引きつけるビジョンを描くことを含めた４つの戦略が、カリスマ型リーダーシップでは、人々にカリスマ性を感じさせるためのリーダーの６つの行動特性が、コッターの変革型リーダーシップでは組織変革のための８つのプロセスが、それぞれ明らかにされました。

　更に時代が進み、インターネットが世の中を変えていく1990年代後半以降になると、リーダーシップの捉え方も更に変化していきます。山田さんのリーダーシップを探求する旅は、まだまだ続きそうです。

引用文献

Bales, R. F.（1954）"In conference" *Harvard Business Review*, Vol.32, pp.44-55.

Bass, B. M.（1985）*Leadership and Performance Beyond Expectations*. Free Press.

Bennis, W. & Nanus, B.（1985）*Leaders: The strategies for taking charge*. Harper & Row.（伊東奈美子訳, 2011,『本物のリーダーとは何か』海と月社）

Bennis, W. & Thomas, J.（2002）*Geeks & Geezers*.（斉藤彰悟監訳, 2003,『こうしてリーダーはつくられる』ダイヤモンド社）

Binet, A. & Simon, T.（1921）*La mesure du developpement l' nntelligence chez les jeunes enfants*.（大井清吉・山本良典・津田敬子訳, 1977,『ビネ知能検査法の原典』日本文化科学社）

Blake, R. R. & Mouton, J. S.（1964）*The managerial grid*. Houston: Gulf.（上野一郎訳, 1965,『期待される管理者像』産業能率短期大学出版部）

Blake, R. R., Mouton, J. S., Barnes, L. B., & Greiner, L. E. (1964) "Breakthrough in organizational development" *Harvard Business Review* (November,1964)

Bryman, A.（1993）"Charismatic leadership in business organizations: Some neglected issues" *Leadership Quarterly*, Vol.4, pp.289-304.

Burns, J. M.（1978）*Leadership*. Harper & Row.

Carlyle, T.（1840）*On heroes and hero worship and the heroic in history*, Chapman and Hall.（老田三郎訳, 1949,『英雄崇拝論』岩波書店）

Conger, J. A. & Kanungo, R. N.（1987）"Toward a behavioral theory of charismatic leadership in organizational settings" *Academy of Management Review*, Vol.12, pp.637-647.

Conger, J. A. & Kanungo, R. N.（1988）*Charismatic leadership: The elusive factor in organizational effectiveness*. Jossey-Bass.

Conger, J. A. & Kanungo, R. N.（1994）"Charismatic leadership in organizations: Perceived behavioral attributes and their measurement" *Journal of Organizational Behavior*, Vol.15, pp.439-452.

Dansereau, F., Graen, G. B. & Haga, W.（1975）"A Vertical Dyad Linkage Approach to Leadership in Formal Organizations" *Organizational Behavior and Human Performance*, Vol.13, pp.46-78.

Dinh, J. E., Lord, R.G., Gardner, W., Meuser, J.D., Linden, R. G. & Hu, J.（2014）"Leadership theory and research in the new millennium: Current theoretical trends and changing perspectives" *Leadership Quarterly*, Vol.25, pp.36-62.

Fiedler, F. E.（1967）*A theory of leadership effectiveness*. New York: McCraw-Hill.（山田雄一監訳, 1970,『新しい管理者像の探究』産業能率短期大学出版部）

Fiedler, F. E.（1971）"Validation and extension of the contingency model of leadership effectiveness: A review of empirical findings" *Psychological Bulletin*, Vol.76, pp.128-148.

Fleishman, E. A. & Harris, E. F.（1962）"Patterns of leadership behavior related to employee grievances and turnover" *Personnel Psychology*, Vol.15, pp.43-56.

淵上克善（2002）『リーダーシップの社会心理学』ナカニシヤ出版.

Gerstner, C.R. & Day, D. V.（1997）"Meta-analytic review of leader-member exchange theory: Correlates and construct issues" *Journal of Applied Psychology*, Vol.82, pp.827-844.

Graeff, C. L.（1983）"The Situational Leadership Theory: a critical view" *Academy of Management Review*, Vol.8, No.2, pp.285-291.

Graen, G. B. & Cashman, J.（1975）"A Role-Making Model of Leadership in Formal Organizations: A Developmental Approach" In Hunt, J.G. & Larson, L.L.（eds.）*Leadership*

Frontiers, Kent, OH: Kent State University Press, pp.143-166.

Graen, G. B., Dharwadkar, R., Grewal, R. & Wakabayashi, M. (2006) "Japanese Career Progress: An Empirical Examination" *Journal of International Business Studies*, Vol.37, pp.148-161.

Graen, G. B. & Uhl-Bien(1995) "Relationship-based approach to leadership: Development of leader-member exchange(LMX) theory of leadership over 25 years: Applying a multi-level multi-domain perspective" *Leadership Quarterly*, Vol.6, pp.219-247.

Halpin, A. W. (1957) *Manual for the Leader Behavior Description Questionnaire*. Columbus, OH: Bureau of Business Research, Ohio State University.

Halpin, A. W. & Winer, B. J. (1957) "A factorial study of the leader behavior descriptions" *Research Monograph*, Vol.88 Bureau of Business, Ohio State University.

Halverson, C. B. (2008) "Social identity group and individual behavior" In Halverson, C. B. & Tirmizi, S. A. (eds.) *Effective Multicultural Teams: Theory and Practice (Advances in Group Decision and Negotiation)*, Springer, pp.43-79.

Hersey, P. & Blanchard, K.H. (1969) "Life cycle theory of leadership" *Training & Development Journal*, Vol.23, No.5, pp.26-34.

Hersey, P. & Blanchard, K. H. (1977) *Management of Organizational Behavior* (3rd ed.). Englewood Cliffs, NJ: Prentice-Hall.

樋口一辰・清水直治・鎌原雅彦(1979)「Locus of controlに関する文献的研究」,『東京工業大学論叢』, 第5巻, pp.95-132.

Hollander, E. P. (1974) "Process of Leadership Emergence" *Journal of Contemporary Business,* Vol.3, pp.19-33.

Hollander, E. P. (1978) *Leadership Dynamics*, New York: Free Press.

Homans, G. C. (1974) *Social Behavior: Its Elementary Forms*. New York: Harcourt Brace Jovanovich.

House, R. J. (1971) "A path goal theory of leader effectiveness" *Administrative Science Quarterly*, Vol.16, No.3, pp.321-339.

House, R. J. & Aditya, R. N. (1997) "The social scientific study of leadership: Quo vadis?" *Journal of Management*, Vol.23, pp.409-473.

House, R. J. & Baetz, M. L. (1979) "Leadership: Some empirical generations and new research directions" In Staw, B.M. (ed.) *Research in Organizational Behavior*, Vol.1, pp.341-423.

House, R. J. & Dessler, G. (1974) "The path -goal theory of leadership: some post hoc and a priori tests" In Hunt, J.G. & Larson, L.L. (eds.), *Contingency Approach to Leadership*, Carbondale: Southern Illinois University Press, pp.29-62.

House, R. J. & Mitchell T. R. (1974) "Path-goal theory of leadership" *Journal of Contemporary Business*, Vol.3, pp.81-97.

Jenkins, W. O. (1947) "A review of leadership studies with particular reference to military problems" *Psychological Bulletin*, Vol.44, pp.54-79.

Johansen, B. P. (1990) "Situational Leadership: a review of the research" *Human Resource Development Quarterly*, Vol.1, No.1, pp.73-85.

Judge, T.A., Bono, J., Ilies, R. & Gerhardt, M. (2002) "Personality and leadership: A qualitative and quantitative review" *Journal of Applied Psychology*, Vol.87, pp.765-779.

Judge, T. A., Piccolo, R.F. & Ilies, R. (2004) "The forgotten ones?: A re-examination of consideration, initiating structure, and leadership effectiveness" *Journal of Applied Psychology*, Vol.89, pp.36-51.

Judge, T. A., Piccolo, R. F. & Kosalka, T. (2009) "The bright dark sides of leader traits: A review and theoretical extension of the leader trait paradigm" *Leadership Quarterly*, Vol.20, pp.855-875.

金井壽宏・高橋潔(2004)『組織行動の考え方』東洋経済新報社.

Katz, D. & Kahn, R. L. (1951) "Human organization and worker motivation" In Tripp, L.R. (ed.) *Industrial productivity*. Industrial Relations Research Association, pp.146-171.

Kerr, S. & Jermier, J.M. (1978) "Substitutes for leadership: Their meaning and measurement" *Organizational Behavior and Human Performance*, Vol.22, pp.375-403.

Kirkpatrick, S. A. & Locke, E. A. (1991) "Leadership: Do traits matter?" *Academy of Management Executive*, Vol.5, pp.48-60.

Kotter, J.P. (1990) *A Force for Change: How leadership differs from management*. Free Press. (梅津祐良訳, 1991,『変革するリーダーシップ』ダイヤモンド社)

Kotter, J.P. (1996) *Leading Change*. Boston: Harvard Business School Press. (梅津祐良訳, 2002,『企業変革力』日経BP社)

Kotter, J.P. (1999) *What Leaders Really Do*. Harvard Business Review Press. (DIAMOND ハーバード・ビジネス・レビュー編集部・黒田由貴子・有賀裕子訳, 2012,『第2版リーダーシップ論』ダイヤモンド社)

孔子,『論語』(貝塚茂樹訳,1973,『論語』中公文庫)

Lewin, K. & Lippitt, R. (1938) "An experimental approach to the study of autocracy and democracy: a preliminary study" *Sociometry*, Vol.1, pp.292-300.

Lewin, K., Lippitt, R. & White, R.K. (1939) "Patterns of aggressive behavior in experimentally created social climates" *Journal of Psychology*, Vol.10, pp.271-299.

Likert, R. (1961) *New patterns of management*. New York: McGraw-Hill.

Likert, R. (1967) *The human organization: Its management and value*. New York: McGraw-Hill.

Mann, R. D. (1959) "A review of the relationship between personality and performance in small groups" *Psychological Bulletin*, Vol.56, pp.241-270.

McCall, M.W., Lombardo, M.M.(1983) "Off the Track: Why and How Successful Executives Get Derailed" *Technical Report*, Vol.21, pp.2-3, Center for Creative Leadership.

McCrae, R. R. & Costa, P. T., Jr. (1987) "Validation of the five -factor model of personality across instruments and observers" *Journal of Personality and Social Psychology*, Vol.52, pp.81-90.

三隅二不二(1966)『新しいリーダーシップ―集団指導の行動科学』ダイヤモンド社.

三隅二不二(1984)『リーダーシップ行動の科学 改訂版』有斐閣.

三隅二不二(1986)『リーダーシップの科学 指導力の科学的診断法』講談社.

宮本美沙子(1981)『やる気の心理学』創元社.

Northouse, P. G. (2007) *Leadership: Theory and practice* (4th ed.). Thousand Oaks, CA: Sage Publications.

Plato, *The Republic*. (藤沢令夫訳, 1979,『国家』岩波書店)

Podsakoff, P. M., MacKenzie, S. B. & Bommer, W. H. (1996) "Meta-Analysis of the Relationships Between Kerr and Jermier's Substitutes for Leadership and Employee Job Attitudes, Role Perceptions, and Performance" *Journal of Applied Psychology*, Vol.81, No.4, pp.380-399.

Rotter, J. B. (1966) "Generalized expectancies for internal versus external control of reinforcement" *Psychological Monographs*, Vol.80, pp.1-28.

清水利信(1978)『学力構造の心理学』金子書房.

Stogdill, R. M. (1948) "Personal factors associated with leadership: A survey of the literature" *Journal of Psychology*, Vol.25, pp.35-71.

Stogdill, R. M.（1963）*Manual for the Leader Behavior Description Questionnaire*, Form Ⅶ. Columbus, OH: Bureau of Business Research, Ohio State University.

Stogdill, R. M.（1974）*Handbook of leadership*. New York: Free Press.

Tichy, N.M. & Devana, M.A.（1986）*The Transformational Leader*. New York: Wiley.

Vroom, V. H.（1964）*Work and Motivation*. New York: Wiley.

若林満（1987）「管理職へのキャリア発達－入社13年目のフォローアップ」,『経営行動科学』, 第2巻, pp.1-13.

若林満・南隆男・佐野勝男（1980）「わが国産業組織における大卒新入社員のキャリア発達過程：その継時的分析」,『組織行動研究』, 第6巻, pp.3-131.

Zaccaro, S. J., Kemp, C. & Bader, P.（2004）"Leader traits and attributes" In Antonakis, J., Cianciolo, A.T. & Sternberg, R.J.（eds.）, *The nature of leadership*. Thousand Oaks, CA: Sage, pp.101-124.

Zaleznik, A.（1977）"Managers and Leaders: Are they different?" *Harvard Business Review*, May-June, pp.67-78.

Zang, Y., Waldman, D. A., Han, Y. L. & Li, X. B.（2015）"Paradoxical leader behaviors in people management: Antecedents and consequences" *Academy of Management Journal*, Vol.58, No.2, pp. 538-566.

第2章

リーダーシップ研究の新潮流

1 優れたリーダーへと育つプロセスに着目したリーダーシップ開発論

プロローグ

リーダーは選ぶもの？
育てるもの？

　大谷部長からの指示を受け、早速、変革を推進できる経営幹部候補の資料づくりに取りかかりはじめた山田さん。まず、ウェブサイトで資料を集め、関連する書籍をチェックしました。そして、グループのメンバーを集めて、これまで参加したセミナーなどで参考になることがなかったか、意見を聞きました。そんなある日、ベテランの清水さんが声をかけてきました。

清水　「この間の新部署のリーダー候補のリストアップ、大変
　　　　だったね」

山田　「本当ですよ。でも、今度は社長に上申する次期経営幹
　　　　部候補の資料づくりだから、またプレッシャーがかかる
　　　　なあ…」

清水　「部長に認められている証拠だよ」

山田　「ならばいいんですが…。清水さん、何かいいアイデア
　　　　ありませんか？」

清水　「そうだな…。せっかく社長に上申する資料なら、何か
　　　　新しい切り口を入れられるといいよね」

山田　「新しい切り口ですか？」

清水 「そういえば、この間会った他社の人事の人が、リーダーは選ぶことだけじゃなくて育てることも大事だっていっていたな…。あとリーダーシップを育てるには然るべき経験が必要とか何とか…。そもそもうちの社長や経営層はどんな経験を積んでリーダーになっていったんだろうね。リーダーシップが育まれるプロセスという視点での資料も加えたら喜ばれるんじゃない？」

山田 「清水さん、なんだかいやにお詳しいですね」

清水 「俺、学生時代からずっとこの分野に興味があってさ。実は、本もいっぱい読んだし、人事に移ってからはセミナーにもよく行かせてもらっているんだよね」

山田 「そんなに詳しい人が身近にいたなんて。清水さん、もっと早く教えてくれればよかったのにぃぃ」

うちの社長や経営層は
どんな 経験を積んで リーダー
になっていったんだろうね.

経験が…
000

リーダーシップ

1-1. リーダーシップはいかに育まれるか

1980年代前半までのリーダーシップ研究では、直近の変革型リーダーシップ理論も含めていずれの理論においても、リーダーとしての「あるべき像」がもっぱら追求されてきました。それに対し、優れたリーダーへと「成長していくプロセス」を解明しようとする研究が1980年代後半頃からはじまります。リーダーシップが育まれるプロセスに着目した一連の理論をリーダーシップ開発論（leadership development theory）、あるいはリーダー発達論（leader development theory）と呼びます[注1]。

リーダーシップが育まれるプロセスに着目した理論には、大きく「経験」に着目した理論と、リーダーの「意識」に着目した理論があります。以下、順に解説をしていきます。

1-2. リーダーシップを育む「経験」

1つめが、リーダーシップを育む「経験」に着目した研究群です。

①コルブの経験学習モデル

人の成長に「経験」がもたらす効果を扱った理論のなかでも最も普及しているといえるのが、コルブの経験学習モデル（experiential learning model）（Kolb, 1984）です。コルブは、リーダー人材に限定せず、広い対象を想定して論を展開した教育思想家であり、教育実践家でもあります。

このコルブに強い影響を与えたのが、同じく教育思想家であるデューイでした。デューイは、1938年に自著のなかで「真実の教育は全て、経験を通して生じる」と述べ、それまでの教育が、日常から切り離された教室で、一方的に概念を教え込む形式であったことに

アンチテーゼを唱えました（Dewey, 1938）。コルブは、このデューイの考え方を概念的モデルに整理し、実務家に普及させる役を担いました。コルブは、デューイの理論を単純化し、次に示す経験学習モデルとして世に提示します（Kolb, 1984）。

コルブが提示した経験学習モデルとは，「①具体的経験（concrete experience）」「②内省的観察（reflective observations）」「③抽象的概念化（abstract conceptualization）」「④能動的実験（active experimentation）」の４段階からなる学習サイクルです（**図表2-1参照**）。

すなわち、人は、①周囲との相互作用を通じて具体的な経験をし、②その内容を振り返り、③他の状況でも応用できるよう学びを抽象化・概念化し、④新たな状況に応用するというサイクルです。

図表２-１　コルブの経験学習モデル

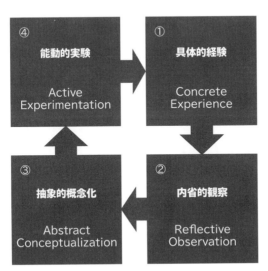

（Kolb, 1984より作図）

たとえば、リーダーの学びであれば、次のような具合で学びが進むことがあります。

　①メンバーのやる気を高めようと声かけをしたが、うまくいかなかったため（具体的経験）、②何がいけなかったのだろうかと家に帰って振り返り（内省的観察）、③自分が一方的に話をするのがよくなかったと気づき（抽象的概念化）、④次の機会にはまず相手の話を聞いてみる（能動的実験）といった具合です。

　このように実際の経験を通じて学びのサイクルを回すことで人は学習することができるというのがコルブの考え方です。

　この経験学習モデルは、経験を教育へ活用する有効なモデルとして、リーダー人材に限らず、現在でも広い対象へ用いられています。

②マッコールの経験からの学習論

　そして、リーダーシップを育むという文脈において、「経験」がもたらす効果に関する研究の突破口を開いたのが、アメリカの非営利教育・研究機関であるCenter for Creative Leadership（以下CCL）の研究者たちでした。CCLは、リーダーシップ教育の分野ではハーバード大学など名だたるMBA教育機関を凌駕し、フィナンシャル・タイムズ紙によるランキングで1位に輝いた実績をもつ、世界的にも有名なリーダーシップ専門の教育・研究機関です。

　それまで多くの企業においては、リーダー人材は「適者生存」、つまり、優れた人材は自然と生き残るため、育成は不要であると考えられていました。そのため、リーダー候補となる人材に対しては、育成的アプローチよりも、選抜的なアプローチをとられることが主流でした。これに対し、CCLでは、「リーダーシップは良質な経験を通じて後天的に学習することが可能である」というスタンスをもっていました。CCLでは、数多くのリーダー教育や調査を行ってきた蓄積から、ある人物の「強み」は「弱み」にも転じうること、ま

た、それらの「弱み」の克服を含め、リーダーシップは、良質な経験を積むことで学び取ることができるものだと考えていました。そのため、一時的な状態だけを捉えて、リーダーに適する人を「選抜」するのは、建設的ではないという立場をとっていました。

　そのことを実証するため、当時CCLの研究責任者であったマッコール（その後、南カリフォルニア大学教授に就任）が、ある調査を行いました。それは、成功を収めている経営幹部たちを対象に、「自分が飛躍的に成長した経験（quantum leap experience）」と、そこから得られた「教訓」をセットで回顧してもらう形式のインタビュー調査でした。この調査でマッコールは、多くのリーダーが、自身に成長をもたらしたものとして共通して挙げる経験として、以下のような経験があることを見いだしました。

・最初の管理職経験
・ゼロからの事業の立ち上げ経験
・事業の立て直し経験
・異動経験
・降格や左遷の経験　　　　　　　など

　リーダーシップは良質な経験を積むことで開発できるものであるという新たなパラダイムを切り拓いたマッコールらCCLの研究者たちによる研究アプローチは、その後のリーダーシップ研究に大きな影響を与えました。そして、1990年以降、経験をベースにリーダーを育成する手法の研究が加速していきました（e.g., McCauley, Ruderman, Ohlott & Morrow, 1994; Hill, 2003; McCauley, Moxley & Velsor, 2011, Derue, Yost & Taylor, 2013)。

③金井による「一皮向ける経験」研究

　日本においては、金井（2002）が「一皮向ける経験」調査と題し、日本企業の経営幹部20名に対して関西経済連合会と共同して、CCLと同様の調査を行っています。金井の調査によっても、リーダー人材の成長に大きく寄与するものとして、CCLの調査と類似する経験がいくつか見いだされています。

　・最初の管理職経験
　・ライン部門からスタッフ部門への異動経験
　・悲惨な部門の再構築・撤退経験
　・新規事業などゼロからの立ち上げ経験　　など

　国が異なっても、経営幹部らが成長を促進した経験として挙げる内容が類似しているというのは、大変興味深い点です。

④松尾による「成長する管理職」研究

　また、松尾（2013）は、リーダー人材の成長を促進する経験に関する調査が、経営幹部というごく一部の限られた人材だけを対象としてきたことに問題意識をもち、経営幹部層よりも早期の段階の、中間管理職層に位置するリーダー人材の成長を促進する経験について調査をしています。松尾による研究では、インタビュー調査と定量調査を3段階にわたって行い、どのような経験がどのような能力を伸ばすのかについて、丁寧な検証を経て、その関係性が明らかにされています。

　図表2-2が、その結果です。中間管理職を担うリーダー人材の成長を促進する主な経験としては、「部門を越えた連携の経験」「部下育成の経験」「変革に参加した経験」などが見いだされました。

　そして、それぞれの経験は、中間管理職を担うリーダー人材にとっ

て重要な3つの能力と次のような関連があることがわかっています。

まず、「情報分析力」を高めるうえで最も影響を与えていたのは、「部門を越えた連携の経験」でした。また、「目標共有力」を高めるうえで最も影響を与えていたのは、「部下育成の経験」でした。そして、「事業実行力」を高めるうえで最も影響を与えていたのは、「変革に参加した経験」でした。

松尾は、これらの発見から、中間管理職層の育成に向けた計画的な経験アサインの必要性に言及しています。

他にも、リーダー人材の成長を促進する経験に関する研究は徐々に蓄積されつつあり（e.g., 谷口, 2006; 堀尾・加藤, 2016）、最近では、女性リーダーに限定した調査なども行われるようになっています（石原, 2006）。そして、リーダー人材の成長に有効な経験が明らかになってきたことによって、個々人による「計画的な経験のデザ

図表2-2　経験と能力のつながり

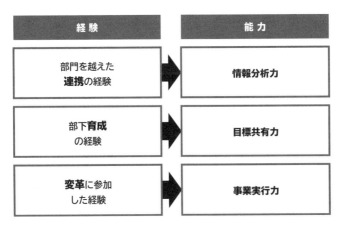

（松尾，2013より一部修正して引用）

イン」の試みや、企業によるリーダー育成のための「戦略的な人事配置」が行われるようになってきています（McCauley, Derue, Yost & Taylor, 2013）。

1-3. リーダーの「意識」の発達

リーダーシップが育まれるプロセスに着目した研究の２つめは、リーダーの「意識」に着目した研究群[注2]です。リーダーの「意識」が、リーダーとしての成長の過程でどのように発達していくかを扱う研究への関心は2000年以降急速に高まっています（田中, 2013）。

①ロードとホールによるリーダーの自己概念の３段階

心理学者のロードとホールは、リーダーの発達を考えるうえで、リーダーがもつアイデンティティの発達の重要性を指摘しています。そして、リーダー・アイデンティティは、「個人的自己概念」「関係的自己概念」「集合的自己概念」という３つの段階を経て、発達すると述べています（Load & Hall, 2005）。ロードとホールは、この３段階を他の研究者の着想から得ました（Sedikides & Brewer, 2001）。なお、類似する３段階は別の研究者によっても提示されています（e.g., Brewer & Gardner, 1996）。

では、これら３段階について解説していきます。

最初の「個人的自己概念」とは、個人の行動が利己的な理由で動機づけられている段階です。たとえば、リーダーとして「他のリーダーよりも実績を上げたい」「メンバーに対して自分が圧倒的な優秀さを誇示したい」といった動機づけによって行動している段階が「個人的自己概念」の段階です。

続く「関係的自己概念」とは、特定の他者の視点に反応できるようになり、相手の反応や人間関係を意識した適切な役割行動を担う

ことができる段階です。企業のリーダーであれば、自分の部門の業績だけではなく、他部門にも配慮しながら相互の利益を図ることができるようになったり、メンバーの能力をうまく活用できるようになったりする段階が「関係的自己概念」に至った段階です。

　最後の「集合的自己概念」とは、自分が所属している集団や組織全体の福利が動機づけとなり、役職上だけではなく、所属している集団や組織の代表者として、リーダーが自身を認識できるようになる段階です。たとえば、第1章で登場したキング牧師は、公民権運動での演説の際、「私には夢がある。我々が…という夢を」と、「我々が」いうフレーズのメッセージを多数発信していました。キング牧師は黒人をはじめとする有色人種の集団の代表としての自己概念が確立しており、その集団の福利のために動機づけられ、行動が発露していた好例といえます。自己を捉える際、「個人」の視点でも、特定の少数の「他者」だけを組み入れた視点でもなく、「集団」という大きな視点から、自己概念を「我々」と、集団と一体化して捉えられる段階は、リーダーとして最も発達した状態であるとロードとホールは述べています。

　小さな子供たちの遊びの場面などでも、こうした自己概念の段階の違いを見てとれることがあります。たとえば、幼い子供同士では、おもちゃやお菓子を「自分だけのものにしたい」という気持ちからいざこざを起こしがちです。そこから、少し成長すると仲の良いグループを形成し、グループ外の子供たちの利害はまだ考慮できないものの、グループ内の子供たちでは協調しておもちゃやお菓子を譲り合って楽しめるようになります。更に成長した段階では、特定のおもちゃやお菓子を、「誰が」または「どのグループが」手にできるかということに執着するのではなく、そこにいる子供たちが皆で楽しめる方法を広い視点から考える、といったことができるようになります。

こうした自己概念の段階の違いは、問題解決スキルや情報収集スキルなどの特定のスキルの優劣以上に、リーダーとしての成長度を表すという見方もされています。

②キーガンとレイヒーによるマインドの３段階

ハーバード大学のキーガンとレイヒー（Kegan & Lahey, 2009）は、リーダーの成長プロセスを「マインド（mind）[注3]」という表現を用いて、同じく３段階のモデルで表しています（**図表2-3参照**）。

キーガンとレイヒーは、リーダーが成長を遂げるには、物事を「認識する方法」を変えることが最も重要であると指摘しています。そして、リーダーが習得する特定の知識やスキルは、コンピューターにたとえるならば、特定のソフトやプログラムに過ぎず、リーダーとして大きな成長を遂げるためには、知識やスキルの数ではなく、根幹となるOSそのものを進化させなければならないと主張しています。そのOSにあたるのがマインドです。

第１段階は、「環境順応型（socialized mind）」と呼ばれる段階です。この段階を表すキーワードは、忠実、大勢順応、依存、指示待ち、などです。つまり、重要人物の意向に反しないことが、自我を保つうえで大きな意味をもち、周囲からどのように見られ、どのような役割を期待されるかによって、自己が形成されている状態です。企業でいえば、上位者の指示に疑念をもつことなく忠実に従うリーダーがこの段階のマインドにあたります。

第２段階は、「自己主導型（self-authoring mind）」です。ここでのキーワードは、課題設定、自律性、自分なりの羅針盤と視点、などです。つまり、自分自身の価値基準を確立し、それに基づいて周囲の期待について判断し、選択を行える段階です。自己主導型のマインドに達しているリーダーは、自身が追及するゴールや目標を確立しているため、周囲とコミュニケーションをとる際にも、それら

が前提となり、重要な課題や情報を自身のフィルターによって選別し、重要事項に集中的に取り組むことができます。ただし、自身が設定したフィルターに欠陥があると、必要な情報を排除してしまうというリスクがあります。

　第3段階は、「自己変容型（self-transforming mind）」と呼ばれる段階です。ここでのキーワードは、複数の視点、矛盾の受け入れ、相互依存、メタ（一段高い視点で物事を捉えること）、などです。この第3段階の自己変容型にあるリーダーも、情報を選別するフィルターを有しているという点では、第2段階の自己主導型と同じです。しかし、フィルターと自分とを一体化するのではなく、フィルターを客観視することができるという点が、自己主導型とは異なっています。第3段階の自己変容型のリーダーは、他の人とコミュニケーションをとる際、自身のゴールや目標の前進だけを考えず、柔軟にゴールや目標を修正し、改善する余地をもっています。この段

図表2-3　リーダーのマインドの3段階

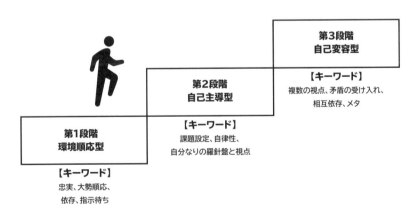

（Kegan & Lahey, 2009より作図）

階にあるリーダーは、他者からもたらされる意見や情報を汲み取り、反映させる柔軟性や余裕があるため、情報も集まりやすくなります。

キーガンとレイヒーによるマインドの3段階については、リーダーの仕事の能力との関係性についても検証されており、マインドの段階が高いリーダーほど、仕事の能力も高いという相関関係が確認されています（Eigel, 1998）。

なお、キーガンとレイヒーは、多くのリーダーが自身の行動変容の必要性を認識しながらもそれができない背景を、「免疫マップ」というメカニズムを用いて整理しています（図表2-4参照）。免疫マップは、「改善目標」「阻害行動」「裏の目標」「強力な固定観念」から構成されます。

たとえば、「改善目標」として「部下に権限委譲をする」ことを掲げたリーダーがいるとします。通常、その目標を達成するためには、権限委譲を阻んでいる行動を特定し、それらの行動を減らすことを目指します。ここでは「何でも自分でしようとしてしまう」「細かな点まで逐一指示をしてしまう」といった行動が権限委譲の「阻害行動」にあたります。このように「阻害行動」を特定して改善を目指すという手法は、一般に、リーダーシップ教育のなかでよく行われています。

しかし、こうした手法ではリーダーとしての行動変容はできない、とキーガンとレイヒーは指摘します。なぜなら、「阻害行動」が表れてしまうのは、「裏の目標」があるためです。「裏の目標」まで明らかにしなければ、表面的な「阻害行動」を挙げたところで人は変わることはできない、というわけです。「権限委譲がなかなかできない」リーダーの場合は、「自分が一番優秀だと思われたい」「メンバーにはできないが、自分だけができる仕事を残しておきたい」といった欲求をもっていることがあり、これらが「裏の目標」にあたります。「裏の目標」は本人が自覚しているケースもあれば、自覚

できていないケースもあります。

　なお、この「裏の目標」は、「強力な固定観念」に基づいている
ため、深い自己分析が必要となるとキーガンらはいいます。たとえ
ば、この権限委譲がなかなかできないリーダーの場合は、「自分が
一番優秀だと思われたい」ために、「何でも自分でしようとする」
行動をなかなか止めることができませんでした。第三者による丹念
なヒアリングを通じた自己分析の結果、それは「リーダーたる者は、
実務において一番優れていなくてはならない」という「強力な固定
観念」をもっていたためだということがわかりました。

　「改善目標」と「阻害行動」の整理だけに留まっている場合は、
一時的には行動を改善できたとしても、すぐに別の形で「阻害行動」
が表れてしまいます。そのため、真の行動変容がなされず、リーダ
ーとしてのマインド向上にはつながらないとキーガンらは述べてい
ます。真の行動変容を遂げるためには、自らのなかで「免疫」とし

図表2-4　権限委譲ができないリーダー人材の免疫マップの例

改善目標	阻害行動	裏の目標	強力な固定観念
・部下に権限委譲する	・何でも自分でしようとする ・細かな点まで逐一指示をする	・自分が一番優秀だと思われたい	・リーダーたる者は、実務において一番優れていなくてはならない

（Kegan & Lahey, 2009を参考に作図）

て機能している「裏の目標」や「強力な固定観念」を明らかにする必要があるのです。

　皆さん自身についても、改善しようと思いながらなかなか変えられない行動について、どのような「裏の目標」「強力な固定観念」が作用しているかを考えてみましょう。他者との関係性だけではなく、自分自身についても深く理解することが、リーダーとして成長するためには欠かせないプロセスです。

注1　デイによる区分では、（ a ）リーダーシップ開発（leadership development）とは、リーダーとしての潜在的な対人関係を視野に入れ、教育や機会をリーダーに与えることによってリーダーシップの機能を向上させることであり、（ b ）リーダー開発／リーダー発達（leader development）とは、自己の気づきなどに焦点をあて、リーダー個々の発達に注目し、リーダー自身が学び研鑽することによってリーダーシップ機能を向上させることとされる（Day, 2000）。後者のリーダー開発／リーダー発達については、田中による論文が昨今の動向に詳しい（田中, 2013）。

注2　発達心理学や社会心理学の領域で、「自己概念（identity）」「自己覚知（self-awareness）」と呼ばれる概念を、ここでは理解促進のために平易な言葉を用い、「意識」という言葉で表現している。

注3　邦訳版書籍では、mindを「知性」として訳している（池村千秋訳『なぜ人と組織は変われないのか』英治出版, 2013年）

リーダーは選ぶもの？
育てるもの？

　山田さんのグループの同僚で、ベテランの清水さんは、「リーダーは選ぶことだけではなく育てることも大事」「リーダーシップを育てるには然るべき経験が必要」といった、リーダーシップが育まれるプロセスについてのヒントを提示してくれました。

　1980年代までのリーダーシップ研究では、リーダーとしての「あるべき像」が主に追求されていましたが、1980年代後半になると、あるべき像へと至る「プロセス」に着目した研究が活発化しました。そのなかで、リーダーシップを育む「経験」がもたらす効果が着目されるようになりました。

　突破口を開いたのが、アメリカの非営利教育・研究機関CCLでした。CCLは、「リーダーシップ開発論」と呼ばれる、リーダーシップを育む経験に関する一連の研究の中心的役割を果たしました。

　リーダーシップが育まれるプロセスに着目した研究のなかには、リーダーの「意識」に着目したものもありました。リーダーがもつアイデンティティは、「個人的自己概念」「関係的自己概念」「集合的自己概念」という３つの段階で発達するとした

心理学者のロードとホールの理論をはじめ、「マインド」という表現で、「環境順応型」「自己主導型」「自己変容型」と、同じく3段階でのモデルを表したキーガンとレイヒーの理論などがありました。

　「経験」「意識」など、リーダーシップが育まれるプロセスを捉える視点にも様々あることがわかります。

　さて、清水さんという頼れる味方を得て、リーダーシップの新潮流にも興味が膨らんできた山田さんですが、次期経営幹部候補の資料づくりに役立てることができる新たな理論や考え方は他にはないのでしょうか。更に次節に進んでいきましょう。

2 グループ全体で発揮する 集合的リーダーシップ

プロローグ

ラグビー日本代表にみる リーダーシップ

　清水さんのアドバイスで、リーダーシップが育まれるプロセスに着目したリーダーシップ開発論のことを資料に書き入れた山田さん。リーダーシップについてかなり詳しくなったと自負していましたが、1つ気になったことがあります。その頃、日本でラグビーのワールドカップが開催されていて、日本代表チームの快進撃に大いに盛り上がっていました。当然、リーダーシップを発揮したキャプテンや監督が脚光を浴びていましたが、誰か一人の優れたリーダーがいるだけでは、あれだけの活躍はできなかったのではないかと思ったのです。流行語にもなった「One Team」のなかには、何人ものリーダーがいたかもしれない。そう考えた山田さんは、清水さんに質問してみました。

山田　「清水さん、ラグビー日本代表があれだけ強くなった背景は、やっぱり監督のリーダーシップが素晴らしかったからなのでしょうか?」

清水　「もちろんそうだろうね」

山田　「でも、ラグビーみたいな競技は、監督だけが頑張ってもダメでしょう」

清水　「うん。監督だけじゃなくて、選手も試合の流れに応じ
　　　てそれぞれにリーダー的な判断や動きが求められるだろ
　　　うし、コーチやチームの裏方の人なんかもそうだよね。
　　　それぞれの立ち位置から発揮されるリーダーシップのよ
　　　うなものがあったような気もするね…」

山田　「やっぱりそうですよね。試合を見ていても、あぁ、こ
　　　こはこの選手がリードしてチームを引っ張っているなっ
　　　ていう場面がありましたし。それぞれがリーダーシップ
　　　を発揮するって何だか良いチームですよね。あ…でも、
　　　うちのマンションの管理組合の会議は、皆が好き勝手な

それぞれがリーダーシップを発揮するって
何だか良いチームですよね！

リーダーシップを複数の人で
発揮するのに必要な条件が
本に書かれていた気がするなぁ

ことをいって、まさに「船頭多くして船山に上る」の諺
どおりの状態になっていたな…。ラグビー代表チームと
は何が違ったんだろう…」

清水　「そういえば、リーダーシップを複数の人で発揮するの
　　　に必要な条件があるって本に書かれていた気がするな」

山田　「え？　何ですかそれ？　もっと詳しく教えてください！」

清水　「おいおい、すごい食いつきだな…。しかし、山田さん、
　　　ずいぶん熱心だねえ。営業に戻りたいんだとばっかり思
　　　っていたけど、案外、人材育成にも興味が沸いてきたの
　　　かな」

2-1. リーダーシップは公式のリーダーだけのものではない

　リーダーシップが育まれるプロセスの解明と合わせて、昨今では、目指されるリーダーシップそのもののあり方にも変化が生じつつあります。

　2000年代以降、組織を取り巻く環境は、IT技術の発展、グローバル競争の激化、雇用形態の多様化などにより、大きく変化しました。現代の経営環境は、変動性（Volatility）、不確実性（Uncertainty）、複雑性（Complexity）、曖昧性（Ambiguity）の頭文字をとってVUCA（ブーカ）時代とも呼ばれるようになりました。

　一定のモノやサービスは既に行き渡り、多くの市場が成熟しているため、競争に打ち勝つことのできる新たな突破口が見いだしにくくなっています。こうした状況下では、経営トップや管理職などの公式なポジションに就く人材だけで突破口を見いだすのは以前より難しくなっており、昨今では、公式なポジションに就いているかどうかに関わらず、より多くの人材がリーダーシップを発揮することが求められるようになっています。また、役職を問わず多くの人材がリーダーシップを発揮している組織やグループで、業績やイノベーションの成果が高くなりやすいことが徐々に明らかになってきました（e.g., Hill, Brandeau, Truelove & Lineback, 2014; 石川, 2013）。

　このように、リーダーシップを複数名で、場合によってはグループメンバー全員で発揮している状態を「集合的リーダーシップ」と総称します[注1][注2]。以下、「集合的リーダーシップ」に分類されるいくつかの研究について紹介していきます。

2-2. シェアド・リーダーシップ

　1つめは、シェアド・リーダーシップ（shared leadership）です。共有型リーダーシップと呼ばれることもあります。これまでのリーダーシップ研究では、公式な特定の地位にある一人のリーダーがメンバーに対して発揮するリーダーシップを前提としていましたが（Pearce & Conger, 2003; Liu, Hu, Li, Wang, & Lin, 2014; Friedrich, Vessey, Schuelke, Ruark & Mumford, 2009）、シェアド・リーダーシップ研究では、公式な地位の有無に関わらず、複数名でリーダーシップを発揮することを前提とします。

　シェアド・リーダーシップは、様々な研究者により研究されており、定義のされ方は様々ですが、公式なポジションに就く一人のリーダーだけに焦点をあてず、広い対象をリーダーシップの担い手と捉える点が共通しています。

■シェアド・リーダーシップの定義の例

Carson, Tesluk & Marrone（2007）

「リーダーシップがチームメンバーに分散され、複数のメンバー間で相互に影響力が発揮された結果生じるチームの状態」

石川（2016）

「職場のメンバーが必要なときに必要なリーダーシップを発揮し、誰かがリーダーシップを発揮しているときには、他のメンバーはフォロワーシップに徹するような職場の状態」

リーダーシップ研究のなかでは新しい部類に入る理論ですが、日本の戦後復興を支えた企業に目を向けると、実は、こうしたシェアド・リーダーシップはかねてより実践されていたことがわかります。

たとえば、松下電器産業の松下幸之助氏や、本田技研工業の本田宗一郎氏は、それぞれカリスマ的で絶対的な経営者とみなされることが多い人物ですが、実際には、松下氏は高橋荒太郎氏、本田氏は藤沢武夫氏といった人材とリーダーシップの役割を分担していました（金井，2005）。ソニー創業者の井深大氏と盛田昭夫氏も二人三脚のリーダーシップで会社を軌道に乗せたことはよく知られています（大下，1998）。

最近の研究では、シェアド・リーダーシップが、グループに良い影響を及ぼすことを実証的に明らかにしたものも増えています。たとえば、アボリオらは、シェアド・リーダーシップを測定する尺度[注3][注4]を作成し、学生を対象にした調査で、プロジェクト・チームにおいて、シェアド・リーダーシップが、チームの効力感（このチームなら物事を成し遂げられると感じること）や信頼関係などに影響することを明らかにしています（Avolio, Murry & Sivasubramaniam, 1996）。わが国では、石川（2013）が、日本企業の研究開発チームを対象に調査を行い、シェアド・リーダーシップがチームの成果にプラスの影響を及ぼすこと、また、チームが取り組むタスクが複雑であるほど、シェアド・リーダーシップが成果へ及ぼす効果が高まることを明らかにしています。

しかし、「リーダーシップを複数名で発揮する」というと、チームがバラバラになってしまうのでは、と疑問をもった人もいるかもしれません。確かに、目指す方向性がバラバラな状態で複数の人がリーダーシップを発揮すれば、チームはバラバラになってしまうでしょう。シェアド・リーダーシップを効果的に機能させるためには、いくつかの条件があります。

石川は、それを、ローレンスとローシュ（1967）の組織論の研究を引用し、「分化」と「統合」というキーワードで整理しています（石川, 2016）。「分化」とは、それぞれが自らの目標に向けて自律的に動く状態、「統合」とは、1つの目標に向かって協調・連携しながら活動している状態です。「分化」だけでは、それぞれが勝手な方向でリーダーシップを発揮してしまうため、チームとしての成果を上げることができません。リーダーシップをチームのあるべき目標に向けて「統合」していくからこそ、高い成果の創出につながります。

　シェアド・リーダーシップをうまく機能させるためには、皆が同じ方向を向きつつ、それぞれがリーダーシップを発揮するという2つの状態が実現していることが必要なのです。

　シェアド・リーダーシップについては、もう1つよく挙がる疑問があります。それは、リーダーシップを複数名、場合によっては公式なポジションには就いていない人材をも含めて発揮の対象とするのは欧米的な考え方であり、日本を含む東洋にはなじまないのでは、という疑問です。この点についても実証研究の結果が出はじめています。たとえば、リュウらは、孔子の教えが浸透し、「部下は上司に従うもの」という文化を有する中国においても、シェアド・リーダーシップの効果は欧米と変わらず確認できたことを報告しています（Liu et al., 2014）。

2-3. コレクティブ・ジーニアス

　一人のカリスマリーダーだけに依存しない、という点でシェアド・リーダーシップと同じ発想をもつものに、ハーバード大学のリンダ・ヒルらにより提唱されたコレクティブ・ジーニアス（collective genius）という考え方があります（Hill et al. 2014）。

コレクティブ・ジーニアスとは、「一人の天才の出現に頼らず、組織のメンバーの才能を集めてイノベーティブな結果を出す」という考え方で、日本語に訳すなら「集合天才」です。

　ヒルは、変革型リーダーシップ理論で著名なジョン・コッターに師事した研究者です。専門とする研究テーマは、「イノベーションを育むことに長けたリーダー」で、自身のテーマについて研究するにあたり、当初は、コッターが提唱した変革型リーダーシップと同様の行動パターンを「イノベーションを育むことに長けたリーダー」たちにも見いだせると考えていました。

　しかし、世界中をまわり、イノベーティブと名高い企業の数々を10年以上にわたり研究し続けた結果、イノベーションを育むことに長けている企業やリーダーの特徴は、かつての変革型リーダーシップの特徴とは全く異なるということをヒルらは発見しました。

　皆さんは、「iphone」で有名なアップル社のイノベーションを牽引したリーダーというと誰の名前が浮かぶでしょうか？　おそらくほとんどの人が、スティーブ・ジョブズ氏と答えるでしょう。では、「トイ・ストーリー」「カールおじさんの空飛ぶ家」「カーズ」などの大ヒット映画を次々と世に送り出しているピクサー社でイノベーションを牽引したリーダーは？と聞かれたらどうでしょう。すぐにその名を挙げられる人はいるでしょうか[注5]。

一般に、イノベーションというと、スティーブ・ジョブズ氏のようなカリスマ的で絶対的なリーダーの存在が欠かせないと考えられがちですが、実は、そうしたケースは極めて例外的であることをヒルらはつきとめました。ピクサー社やグーグル社などのイノベーティブな企業には、確かにイノベーションを育むことに長けたリーダーが存在しましたが、彼らは、変革型リーダーシップのように自身が前面にたってリーダーシップを発揮するのでなく、集団によるイノベーションを生み出すために、メンバー個々の天才の一片を引き出すような働きかけをしていることがわかりました。

　具体的には、イノベーションを育むには、「コラボレーション」「発見型の学習」「統合的な決定」というプロセスが必要であり、そのためには、リーダーが、「創造的な摩擦」「創造的な敏速さ」「創造的な解決」ができる能力を組織につくり出すことが必要であると、ヒルらは整理しています（**図表2-5参照**）。

　「創造的な摩擦」とは、「アイデアが出し合われる場をつくり、議論や対立を通じて、様々な選択肢を考え、磨き、より良いものにしていく能力」です。

　ヒルらは、イノベーションが最も生まれやすいのは、多様な専門性をもつ人材が集まり、アイデアが交換されるときであると指摘し、そのためには、リーダーは、組織に「創造的な摩擦」が起きる環境をうまく作り出す必要性があると述べています。イノベーションを起こすには、前例を打ち破る必要があり、あらゆる案をあらゆる方面から出して検討し尽くす必要があります。しかし、多様なバックグラウンドをもつメンバーが集まり意見を出し合うと、対立が生じやすくなります。場合によっては、相互に人格攻撃をはじめてしまうケースもあるでしょう。こうした場面でイノベーティブな組織のリーダーたちに共通していたのは、対立しているメンバーたちのどちらかに加勢した決定をトップダウンで行うのではなく、メンバー

たちに、チームの目的を思い出させ、共通の目的に向けてより良い
アイデアが生まれるよう、チームの議論を立て直す働きかけをして
いるということでした。つまり、対立や摩擦を生じさせながらも、
それを個人間の争いに帰結させるのではなく、相互のコラボレーシ
ョンが生み出されるよううまくハンドリングをしているということ
です。

　次に、「創造的な敏速さ」とは、「素早い実験と修正を通じて、ア
イデアを試し、磨いていく」能力です。イノベーティブな組織では、
緻密な計画よりも、「発見型の学習」つまり、何度も繰り返される
試行錯誤からアイデアが生まれていました。ヒルらによると、イノ
ベーションに長けたチームほど、詳細な計画を立てない傾向があり、
計画づくりよりも、実験的な行動に時間をかけていました。試作版
であるプロトタイプをつくって実際の場で試し、学習し、再び試す、
というサイクルを何度も繰り返すのです。新しいアイデアを試すス
ピードが早いほど、たくさんのアイデアを試すことができます。そ

図表2-5　イノベーションはいかに育まれるか

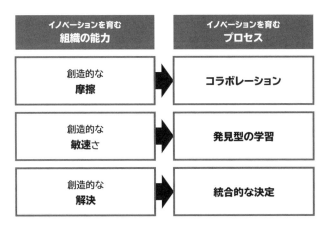

（Hill et al. 2014より作図）

のため、リーダーには「敏速さ」をリードする力が求められます。

　最後に、「創造的な解決」とは、「統合的な決定をする」能力です。イノベーティブな組織では、様々なメンバーからもたらされる意見が対立すると、妥協案に落ち着くのではなく、既出の複数のアイデアを昇華させ、元のアイデアよりもはるかに優れた解決策を生み出していました。ヒルらは、グーグル社のリーダーらを例に挙げ、イノベーティブな組織のリーダーたちは皆、複数あるアイデアから拙速にどれか１つのアイデアに決めるようなことはせず、「様々なアイデアを抱え続け」「統合の場を創る」などの行動により、「統合的な決定」がもたらされるようチームをリードしていることを説明しています。

　多様なメンバーの才能を解放させ、一方でそれを統合するというあり方は、先のシェアド・リーダーシップが機能する条件である「分化」と「統合」にも重なります。現在のような難しい経営環境においては、一見相反する事柄の舵取りを巧みに行い、より多くの人材からのリーダーシップを引き出すことが、求められているといえるでしょう。

2-4. DACフレームワーク

　最後に、リーダーシップを、複数の人々によってもたらされる社会的なプロセスと捉えるDACフレームワーク（DAC framework）という考え方について紹介します。DACフレームワークは、第２章１-２②で紹介したアメリカのリーダーシップ専門の非営利研究・教育機関CCLの研究者らにより提唱されている考え方です。

　筆者は、これまで2003年から2019年までの間にCCLに４度ほど赴き、定期的に情報交換をしてきました。CCLの研究者らと話をするなかで、リーダーシップ研究の権威であるCCLでも、時代の変化を

受け、リーダーシップの捉え方を大きく変化させていることがわかりました。

　これまでのリーダーシップ研究は、そのほとんどが個人を前提としていたのに対し、昨今のビジネス環境においては、個人のリーダーの力だけでは限界があるため、リーダーシップをかつてのように個人のものと捉えるのではなく、人々の間の相互作用により構築される集合的な現象であると捉える研究が増加（Denis, Langley, & Sergi, 2012）していることについては、先に述べたとおりです。

　CCLの研究者らも同様の考えをもっており、かつての多くのリーダーシップ研究が、「（個人の）リーダー」「フォロワー」「共通のゴール」を中心要素と捉えていた（Bennis, 2007）のに対し、リーダーシップは複数の人々によってもたらされる社会的なプロセスであり、それがうまく機能している際には、「方向性の明確さ（Direction）」「連携の強さ（Alignment）」「グループ活動へのコミットメントの強さ（Commitment）」がプロセス成果としてもたらされるというフレームワークを提示しています（Drath, McCauley, Palus, Velsor, O'Connor, McGuire, 2008）。DACフレームワークとは、このDirection、Alignment、Commitmentの頭文字から名付けられています。

　「方向性の明確さ（Direction）」とは、グループの取り組みの集積としてのゴールがグループ内で合意されていることを意味します。方向性が明確で、ベクトルが合っているグループでは、メンバーは、ゴールを理解しているだけではなく、その価値もよく理解しています。

　次に、「連携の強さ（Alignment）」とは、グループ内の仕事の整合性を意味します。連携がうまくとれているグループでは、メンバーが異なる役割や専門を有していても、それらが有機的に組み合わさり、首尾一貫した結果をもたらすことができます。

最後の「グループ活動へのコミットメントの強さ（Commitment）」とは、グループに対するメンバー相互の責任感を意味します。グループ活動へのコミットメントが強いグループでは、メンバーは、グループが成功することに責任感をもち、自分だけではなく他のメンバーも同様に感じているという実感をもっています。

図表2-6は、CCLの研究者らが考えるDACフレームワークの全体像です。

ビジネスの最終成果は、リーダーシップだけではなく、市場やリソースの状況、戦略などの影響も強く受けます。そしてリーダーシ

図表2-6　DACフレームワーク

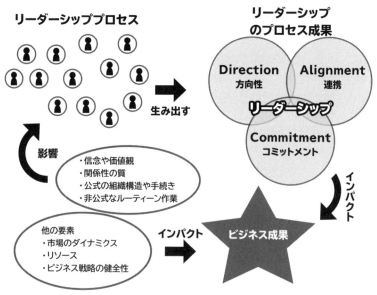

（McCauley & Fick-Cooper, 2015より転載）

ップの側面に目を向けると、グループ全体のリーダーシッププロセスには、個々のメンバーの考え方や価値観、関係性、組織の構造などが、そのあり様に大きく影響を与えます。グループのリーダーシッププロセスが効果的に機能すると、プロセス成果として、「方向性の明確さ」「連携の強さ」「コミットメントの強さ」がもたらされ、それが最終成果であるビジネス成果にプラスのインパクトを及ぼす、とCCLでは考えています。

筆者がCCLを訪問した際、DACフレームワークを提唱した研究者の一人であるマッコーリー氏は「CCLでは、長年、アメリカの政府幹部やグローバル企業の幹部らの育成に携わっているが、個々のリーダーが研修を経て大きく成長を遂げても、組織に戻るとうまくいかないケースが年々増えており、そこからリーダーシップという現象を、個人単位でなくグループ単位で捉えるようになった」と、その経緯を教えてくれました。

CCLでは、DACフレームワークの概念を提唱するだけではなく、組織やグループにおけるDACの状態を測定する尺度を開発し、ビジネス成果とDACの状態がどのように関連するかを検証する研究にも取り組みはじめています（McCauley, Braddy & Cullen-Lester, 2019）。企業や学生などの291のプロジェクト・チームを対象にした研究では、DACのなかでも特にD、つまり「方向性の明確さ」が成果への影響が大きいことなどが明らかになりつつあります[注6]。

■コラム　リーダーシップ脳

　リーダーシップを複数名で担うことの有用性をユニークな
モデルで提示したものとして高橋（2009, 2012）のリーダー
シップ脳があります。高橋は、元ラグビー日本代表監督の故・
平尾誠二氏が、「チームには３人のリーダーが必要である」と
述べ、３種のリーダーの役割を定義したことに着想を得て、リ
ーダーシップの４つの役割を整理しています[注7]。

　高橋がユニークな点は、これらの役割を脳機能と照らし合
わせ、**図表２-7**のように整理しているところです。

　まず、左脳と右脳の働きの特徴については、第１章で紹介
したリーダーシップの不動の２軸である「業務志向（理性）」
と「対人志向（感情）」の軸と対応させています。そして、大
脳皮質下の脳と前頭葉については「現在志向」と「未来志向」
という軸と対応させています。

　高橋は、これらを組み合わせ、「業務遂行型（ゲームリーダ
ー）」「チームワーク型（チームリーダー）」「ビジョン型（イ
メージリーダー）」「育成型（ドリルリーダー）」の４つのリ
ーダーシップ・スタイルを分類し、「リーダーシップ脳の４次元」
と呼んでいます（高橋, 2009）。

　「業務遂行型（ゲームリーダー）」は、ゲームをうまく運び、
チームに勝利をもたらすエースの選手に期待されるような役
割です。「チームワーク型（チームリーダー）」とは、メンバ
ーの心をつかみ、チームを１つにまとめあげるキャプテンが
担うべき役割です。「ビジョン型（イメージリーダー）」とは、
チームの状態やゲームの展開がはかばかしくないときに、面
白いことを言ったり、画期的なアイデアを出したりする役割
です。これら３つの役割については、先の平尾氏から着想を得、

高橋はこれに、「育成型（ドリルリーダー）」を加えました。これは、チームメンバーの人材育成を担う役割です。

　高橋は、これまでは「船頭多くして船山に上る」という諺があるように、リーダーが多いことはかつては好まれない向きがあったが、グローバル化した組織では、もはやリーダーは一人ではなく、リーダーが複数いる組織の方が望ましいと述べています。一人で全てを担うのではなく、個々の強みに応じてリーダーの役割を分担するという発想です。

　さて、あなたは、どのリーダーシップ脳が最も発達しているでしょうか？

図表2-7　リーダーシップ脳の4次元

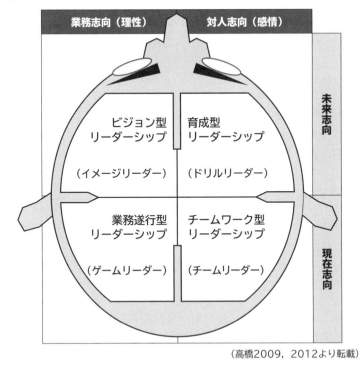

（高橋2009，2012より転載）

2-5. 集合的リーダーシップが機能する条件

　経営環境の複雑性や不透明さが増してきたことから、リーダーシップの担い手が公式なポジションに就いている一人のリーダーだけではなく、複数の、場合によってはチームメンバー全員で担われるケースが増えてきた現況について、いくつかの概念や事例と合わせて本節では紹介しました。

　しかし、こうした集合的リーダーシップは、いかなる場合でも有効に働くのでしょうか。本節のまとめとして、集合的リーダーシップが機能する条件について考察してみたいと思います。2-2では、シェアド・リーダーシップを効果的に機能させるためには、「分化」と「統合」というキーワードが取り上げられている（石川，2016）ことを説明しました。

　集合的リーダーシップが機能する条件については、複数の研究者が、様々な指摘を行っています。フリードリッチらは、同質のメンバーの集まりであれば、そもそもリーダーを複数立てる必要性がないため、「メンバーの多様性」が、集合的リーダーシップが有効に機能するための重要なポイントであるとして取り上げています（Friedrich et al, 2009）。他には、メンバーの間の「心理的安全性」を条件として挙げている研究者（Liu et al., 2014）もいます。「心理的安全性」とは、チームにおいて、「提案や指摘をする」「支援を求める」などの対人的リスクをとることに対して、メンバーが、不安がなく安全と感じられることを意味します。

　集合的リーダーシップは、研究されはじめたばかりの概念であるため、従来のような上司と部下というタテの関係性でのリーダーシップが適するケースとの違いや、タテの関係性のリーダーシップとの効果的な組み合わせが実現するケースの条件などについて、更なる研究が望まれているところです。

本書の冒頭で示したように、古い理論が役に立たず、新しい理論が必ずしも有効ということではありません。どのような状況や条件が備っている場合に、どのようなリーダーシップのあり方が適するかを吟味したうえで、最適なリーダーシップの発揮の仕方や育成の仕方を考えていくことが重要といえるでしょう。

注1 分担型(distributed)、共有型(shared)、集合的(collective)リーダーシップについては、それぞれを異なるものとして区分する見方もある。たとえば、石川(2013)は、分担型は、リーダーシップの機能・役割が、一部のメンバーに固定的に分担されている状態を想定するのに対し、共有型は、リーダーを含むチームメンバーそれぞれが動的に役割を変化させながらリーダーシップを双方向的に発揮している状態を想定している点で異なる概念としている。また、Carson et al(2007)は、共有型については、石川と同様に、同じ人物がある領域ではリーダーシップを発揮し、異なる領域では他のメンバーのリーダーシップをフォロワーとして支えるというように動的に役割を変化させることを前提とするとしている。一方、集合的に関しては、Friedrich et al(2009)が、明確なリーダーまたは一部のリーダーたちによる動的なリーダーシッププロセスとしている。つまり、研究者により、各概念における「リーダーシップ役割の固定性」「リーダーシップ発揮者の範囲」について前提の違いがみられる。しかし、分担型、共有型、集合的リーダーシップと呼ばれる概念の多くは、「権限委譲」や「責任の共有」などに関連しているという点では共通しており、総論的に論じられることが多い(Freiedrich, Vessery, Schuelke, Ruark, & Mumford, 2009)。また、現段階では、分担型、共有型、集合的リーダーシップの発揮態様、測定方法に関しては、明確に整理されているとはいいがたく、今後、概念や測定方法に関しては、更なる検討が必要であるといえる。

注2 なお、第1章3-2で紹介したレビン、リピットらによるアイオワ研究における「民主型(democratic)リーダーシップ」スタイルについても、物事を決定する権限が役職者に限定されない点では、集合的リーダーシップと同一である。しかし、レビン、リピットらによる民主型リーダーシップでは、平時のリーダーシップが想定されているのに対して、集合的リーダーシップの各理論においては、昨今の経営環境の背景を受け、イノベーションの実現を目指すという前提がある点が異なっているといえる。

注3 アボリオらが開発した尺度は、Team Multifactor Leadership Questionnaire、略称TMLQ尺度と呼ばれている。

注4 シェアド・リーダーシップを測定する方法は、上記のTMLQ尺度以外にも複数ある。測定のアプローチも様々あり、Wang, Waldamn & Zhang(2014)によると、大別して3つのアプローチに分類することができる。1つは、チーム全体についてチームメンバー全員が評価する方法、2つめは、チームメンバーがそれぞれの仲間を個人として評価し、一人ずつのリーダーシップ得点を複数メンバーからの評価得点の平均で算出し、更にその個人平均点からチーム平均点(あるいはチーム合計点)を算出する方法、3つめは、各メンバーが自身のリーダーシップについて自己採点し、その個人得点をチームで平均化して算出する方法である。どのアプローチの評価方法がシェアド・リーダーシップの測定に最も適しているかについては、現在はまだ研究が重ねられている段階である。

注5　ピクサー社の前身は、ルーカスフィルムのコンピュータ・アニメーション部門であった。ルーカスフィルムから当該部門を買収したのは他ならぬスティーブ・ジョブズ氏だったが、ピクサー社で、イノベーティブな作品を世に送り出すうえで、直接的な指揮をしたのは、ルーカスフィルム時代から同社に籍を置いていたエド・キャットマル氏である。リンダ・ヒルらは、著書『Collective Genius』の第1章で、このエド・キャットマル氏を取り上げ、ピクサー社のイノベーションを牽引したリーダーとして紹介している。

注6　DACモデルでは、グループのリーダーシップのプロセス成果として「方向性の明確さ（Direction）」「連携の強さ（Alignment）」「グループ活動へのコミットメントの強さ（Commitment）」が生じるとしているが、GrillとKauffeld（2015）によるSPLIT（Shared Professional Leadership Inventory for Teams）尺度では、チームのリーダーシップそのものとして「課題志向リーダーシップ（task leadership orientation）」「関係志向リーダーシップ（relation leadership orientation）」「変化志向リーダーシップ（change leadership orientation）」「最小支配志向リーダーシップ（micropolitical leadership）」という概念を測定対象としている。SPLIT尺度の「課題志向リーダーシップ」には、「我々は、チームとして期待についてはっきりとコミュニケーションする」などの項目が含まれ、DACモデルの「方向性の明確さ」と対応する概念と読み取ることもできる。また、SPLIT尺度の「関係志向リーダーシップ」には、「我々は、チームとして、お互いの関心ごとに注意を払うための十分な時間を費やす」などの項目が含まれ、「変化志向リーダーシップ」には、「我々は、チームとして、提案の実現のためにお互いサポートしあう」などの項目が含まれ、DACモデルの「連携の強さ」と対応する概念と読み取ることもできる。

注7　スポーツチームにおけるリーダーシップの複数の役割について研究したものには、Fransen, Van Puyenbroeck, Loughead, Vanbeselaere, De Cuyper, Broek & Boen（2015）らによる調査もある。Fransenらは、選手のなかのリーダーの方が、公式なリーダーのポジションにあるコーチよりも、メンバーを励まし意欲を引き出す側面でのリーダーシップにおいては、高いリーダーシップを発揮していたことなどを明らかにしている。

ラグビー日本代表にみる
リーダーシップ

　2019年に、日本で初めて開催されたラグビーワールドカップでの日本代表チームの活躍は、日本中を熱くさせました。世の中を大いに盛り上げたのは、試合の結果だけではなく、流行語にもなった「One Team」をはじめ、その背景にあったチームづくりや、様々な場面で発揮されたリーダーシップが、広く国民の共感を得たからではないでしょうか。リーダーシップについて敏感になっている山田さんのアンテナにも、ラグビーでの「One Team」が響いたようです。

　「One Team」は、本節で紹介した集合的リーダーシップにも通ずるものがあります。集合的リーダーシップとは、リーダーシップを複数名で、場合によってはグループメンバー全員で発揮している状態でした。

　そして、集合的リーダーシップに関しては、公式なポジションに就く一人のリーダーだけに焦点をあてず、広い対象をリーダーシップの担い手と捉えるシェアド・リーダーシップ、一人の天才の出現に頼らず、組織のメンバーの才能を集めてイノベーティブな結果を出そうというコレクティブ・ジーニアス（集合天才）、リーダーシップを個人のものではなく、人々の間の

相互作用により構築される集合的な現象と捉えるDACフレームワークなど、様々な新たな理論が生まれていました。

　山田さんも大いに刺激を得たようでしたが、皆がリーダーシップを発揮するようになると、役職者やポジションに就いている人とそうでない人のリーダーシップはどのようなものになるのでしょうか。更に学びを進めていくことにしましょう。

集合的リーダーシップ

3 変わりゆくリーダーとメンバーの あり方

プロローグ

リーダーシップは誰のもの？

　ラグビー日本代表の活躍をテレビで見たことをきっかけに、複数の人がそれぞれの立ち位置で発揮するリーダーシップが集合的に機能することもあるのだということに気づいた山田さん。清水さんに教えてもらったヒントから、新しいリーダーシップのあり方についてどんどん興味がわいてきました。そこで、自分の頭の中を整理するためにグループのメンバーの意見をまたもや聞いてみたくなりました。思い立ったらすぐ実行するタイプの山田さん。さっそく清水さんと伊藤さんに声をかけました。

山田　「お忙しいところ、すみません」

伊藤　「もう…！　部長案件でいろいろと立て込んでいて大忙しなのよ」

清水　「まあ、ちょっと付き合ってやろうよ」

山田　「すみません、あとちょっとだけ…。清水さんから教えてもらった、新しいリーダーシップのあり方について、もっと具体的にイメージしたくて」

伊藤　「具体的に？」

清水　「こういうのは、身近なことで考えてみるといいんだよ。

たとえば、こういう打ち合わせだって、集合的リーダーシップの発揮といえなくもないだろう？」

山田 「なるほど。でも、本来リーダーであるべき鶴岡課長が参加しないのは、リーダーシップを放棄しているのかな？」

清水 「それは違うな。鶴岡課長はいつも縁の下の力持ちでメンバーを支えてくれているよ。自分で引っ張るだけがリーダーシップじゃないんだな」

第2章 リーダーシップ研究の新潮流

151

伊藤 「さすが清水さん。すると、大谷部長はどんなタイプで
しょう?」

清水 「大谷部長も、カリスマリーダーとして皆の前面に立っ
てグイグイ引っ張っていくタイプではないよね。目立た
ないけど人間力が引き立つリーダーという感じだよね」

伊藤 「だから多少きつい仕事でも文句を言わないでやろうっ
ていう気になるわ」

山田 「そうですね。でも、役職者でもない僕が、こんな高い
ミッション担えるのかな…」

清水 「山田さんには期待が高いんだよ。それに、役職に関わ
らず非公式に発揮するリーダーシップもあるんだよ」

伊藤 「山田さん、結果的にいろんなリーダーシップについて
かなり詳しくなったわね」

山田 「スティーブ・ジョブズみたいなカリスマで、いかにも
リーダーっていう人しかリーダーシップを発揮できない
と思っていた頃と比べると、ずいぶん進歩しました!」

3-1. 公式なリーダーとメンバーに求められるあり方の変化

経営環境の変化により、公式なリーダーの主導だけに依存するのは難しい状況になっていることから、リーダーシップを複数名、場合によってはチーム全体で発揮する集合的リーダーシップが適するケースが増えてきたことについては、前節で紹介したとおりです。

では、公式なリーダーだけではなく、メンバーにもリーダーシップ発揮が期待される状況では、公式なリーダーとメンバーの立場にある人には、それぞれどのようなリーダーシップを発揮することが望まれるのでしょうか。本節では、関連する理論のなかから、そのヒントを探っていきたいと思います。

まずは、より多くの人材にリーダーシップ発揮が求められる時代における、公式なリーダーのあり方のヒントとなる理論について紹介します。

3-2. サーバント・リーダーシップ

1つめは、サーバント・リーダーシップ（servant leadership）です。この理論を提唱したのは、アメリカの電力会社AT＆Tに40年間勤務し、同社で管理職教育の設計や研究に従事していたグリーンリーフという人物です。グリーンリーフは、日々、仕事を通じてリーダーのあり方について考えるなかで、小説家ヘルマン・ヘッセが著した『東方巡礼』という物語に出会います。『東方巡礼』とは、次のようなストーリーです。

■東方巡礼のストーリー要約

●あるグループの旅路に「サーバント（召使い）」として同
行していたレーオという人物が、グループの雰囲気を明
るくしたり、雑用を率先して請け負ったりしてグループ
を盛り立てていた

↓

●しかし、レーオはある日突然姿を消してしまう

↓

●レーオが姿を消したことで、グループのメンバーたちは、
ひどく混乱するが、その後、レーオの存在のありがたさや、
レーオこそが旅を導いてくれていた、ということに気づく

↓

●物語の終盤には、そのレーオ
が、実はある教団のトップの
立場にあるリーダーだった、
ということが判明する

（Greenleaf, 2002より要約）

この『東方巡礼』の物語から着想を得、グリーンリーフは、1970
年に「サーバントとしてのリーダー（The Servant as Leader）」と
いうエッセイを発表しました。そして、リーダーたる者は「まず相
手に奉仕し、その後相手を導く」というサーバント・リーダーシッ
プのあり方を提唱しました（Greenleaf, 1970）。

1980年代から一世を風靡した変革型リーダーシップ理論の影響か
ら、「リーダーシップ」というと、メンバーの前面に立ち、グイグ
イと引っ張っていくイメージをもつ人が多いですが、グリーンリー

フが提唱したサーバント・リーダーシップは、メンバーに奉仕し、日頃は目立たないけれども、メンバーの大きな支えになるという、これまでのリーダーシップのイメージとは真逆のものともいえるあり方でした。

　グリーンリーフの意を継ぎ、グリーンリーフセンターの所長を務めたスピアーズは、こうしたサーバント・リーダーの特徴を、次の10項目にまとめています（Spears, 1995; Spears & Lawrence, 2002）。

図表2-8　従来のリーダーシップとサーバント・リーダーシップ
　　　　　のイメージ

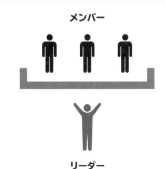

■サーバント・リーダーに求められる10の特徴

①傾聴

メンバーの話にしっかりと耳を傾け、メンバーが望んでいることを聞き出す

②共感

メンバーの立場に立ち、相手の気持ちに理解を示す

③癒し

メンバーが仕事に行き詰まっていたり、悩みを抱えていたりする際などに、相手に寄り添い、メンバーが本来の力を取り戻せるよう支援する

④気づき

リーダー自身が物事に対し先入観や偏見にとらわれず気づきを得ようとする

⑤説得

一方的な指示・命令として情報を伝えるのではなく、メンバーが納得して物事に取り組めるよう、グループ内にコンセンサスをつくりだす

⑥概念化

日々の些事だけにとらわれず、個人や組織のあるべき状態を大きな観点から概念的に整理して捉える

⑦先見性

過去や現在の流れを見て、大局から物事を捉え、次に起こることを見通し、方針や道筋を立てる

⑧奉仕

自分の利益よりも、メンバーや他者のニーズのために尽くす

⑨**成長への関与**

　メンバーの強みや可能性に気づき、メンバーがどのように
したら成長していけるかに関心をもち、メンバーと関わる

⑩**コミュニティづくり**

　メンバー同士が協働し、ともに成長していくための場づく
りをする

　第2章2-3のコレクティブ・ジーニアス（集合天才）の箇所で、
昨今のイノベーティブな企業では、組織全体で「コラボレーション」
「発見型の学習」「統合的な決定」ができるよう、公式なリーダーは、
上意下達的にメンバーを導くのではなく、メンバーのアイデアに耳
を傾け、メンバー同士でアイデアを磨き上げられるような環境を整
えていることを紹介しました。

　サーバント・リーダーシップの「①傾聴」や「④気づき」は、コ
レクティブ・ジーニアスが実現できている組織の「発見型の学習」
の、サーバントリーダーシップの「⑩コミュニティづくり」は、コ
レクティブ・ジーニアスの「コラボレーション」「統合的な決定」
の、それぞれ下地ともいえるものです。

　サーバント・リーダーシップの概念は、提唱されたのは1970年で
すが、着目されるようになったのは近年になってからです（池田,
2017）。その背景には、多くの企業が、これまで以上にイノベーシ
ョンの必要性に迫られており、変革型リーダーシップを含む、従来
のリーダーシップのあり方だけでは立ち行かなくなってきたことが
うかがえます。

　最近では、サーバント・リーダーシップの効果を検証する研究も
進んでおり、サーバント・リーダーシップが、メンバーの奉仕への
姿勢を刺激し、職場全体の協力的風土を醸成することや（Hunter,

Neubert, Perry, Witt, Penney & Weinberger, 2013)、サーバント・リーダーシップが、メンバーのリーダーに対する情緒的信頼を生むことで、チームの心理的安全性の向上につながり、その結果としてチームのパフォーマンスが高まること（Edmondson, 1999）なども明らかになりつつあります（**図表2-9参照**）。

　心理的安全性は、イノベーティブな企業として名高いグーグル社が、チームの生産性を高める重要な要素として取りあげている考え方でもあります（Duhigg, 2016）。サーバント・リーダーシップがもたらす心理的安全性の向上を含む様々な効果については、更なる研究が待たれるところです。

図表2-9　サーバント・リーダーシップによる効果の一例

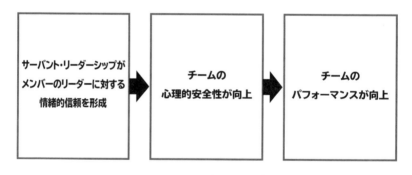

（Edmondson, 1999より作図）

3-3. オーセンティック・リーダーシップ

新たな時代の公式なリーダーのあり方のヒントとなる2つめの理論は、オーセンティック・リーダーシップ（authentic leadership）です。オーセンティック・リーダーシップも、近年の時代背景から注目されるようになった理論の1つです。

1980年代に変革型リーダーシップが脚光を浴びた際は、人々の関心は組織の変革を推進できる強いリーダーに集まりました。しかし、その後の2000年代のアメリカでは、2001年のエンロン破綻を皮切りに、2002年のワールドコム破綻、2008年のリーマン・ブラザーズ破綻と、アメリカ史上最大規模の企業破綻が相次ぎました。そして、悪いことに、これらの企業では、破綻だけではなく、「幹部の膨大な年収」「粉飾決算」「破綻直前の株の売り逃げ行為」など、リーダーの倫理観が問われる行いが散見されました。世論は、変革の舵取り役として強いリーダーを崇拝していた向きから、リーダーの権限の乱用を厳しく糾弾する向きへと変わっていきました。

そのような時代背景のなかで提唱されたのが、このオーセンティック・リーダーシップ理論です。オーセンティック（authentic）とは、日本語にすると「正真正銘の」「本物の」「真正の」などの意があります。オーセンティック・リーダーシップを日本語にするならば「自分らしくモラルあるリーダーシップ」ということになるでしょう。

このオーセンティック・リーダーシップを提唱した第一人者は、かつて大手医療テクノロジー企業のCEOを務め、

ハーバード大学でも教鞭をとったビル・ジョージです。彼は、2000年代に続いたアメリカ企業の不祥事や破綻は、多くのリーダーたちが、組織の長期的発展や社会利益よりも、リーダー個人の私的利益や名声を優先した結果によるものだと断じました（George, 2003）。

　そして、自分自身が大企業のトップに上り詰めていった過程においても、報酬や肩書きなどの外的成功基準にとらわれていた時期があったと回顧し、リーダーたちが組織で権限を増していく過程で、こうした外的な成功基準にとらわれていく罠と背中合わせにあることに警笛を鳴らしました。ジョージは、「リーダーたちは、スーパーリーダーと評されている誰かを真似て外的な成功基準を追求するのではなく、自らに正直に向き合い、自分らしいリーダーシップ・スタイルを築くことが重要である」と説いています。

　オーセンティック・リーダーシップは、まだ新しい概念であり、研究もはじまったばかりですが、各研究者が捉えている点にはいくつかの共通点があります。

■様々な研究者によるオーセンティック・リーダーの捉え方

Avolio, Luthans, & Walumbwa（2004）によるオーセンティック・リーダーの定義

　自分がどのように考え、行動するかを深く認識し、自分や他者の価値観、倫理観、知識、強みなどについてよく理解していると、他者から見られている人で、対処している状況を理解し、自信があり、希望をもち、楽観的で、レジリンエンスが高く、高い倫理観をもつ人

> Shamir & Eilam（2005）による
> オーセンティック・リーダーの４つの特徴
> 　①自分自身に正直であろうとする
> 　②地位、名誉、その他の個人的利益の達成のためではなく、
> 　　自身の信念によって動機づけられている
> 　③誰かの真似（コピー）ではなく、オリジナルであり、
> 　　自身の経験から形成された信念や価値観をもつ
> 　④自分自身の価値観や信念に基づいて行動する

　上記から、オーセンティック・リーダーシップでは、「利己的ではない倫理観をもち」「自身の信念や価値観をよく理解し」「自分にも他者にも正直である」点が重視されていることがわかります[注1]。

　前節で、集合的リーダーシップが機能するための条件の１つに、「メンバーの多様性」が挙げられている（Friedrich et al, 2009）ことを紹介しましたが、新たな時代のリーダーシップは、画一的な理想のリーダー像を追い求めるのではなく、それぞれが倫理観をもち、自分らしさを追及する時代になったといえそうです。

　オーセンティック・リーダーシップについても、その効果に関する研究が現在進んでおり、リーダーが、オーセンティックなリーダーシップを発揮することにより、「リーダーは誠実で、人間性に優れている」という認知がメンバー間で高まり、結果としてメンバーのチームに対するコミットメントが高まること（Leroy, Palanski, Simons, 2012）などが明らかになりつつあります。

　なお、サーバント・リーダーシップとオーセンティック・リーダーシップには、「倫理観」を重視する点など、いくつかの共通項がありますが、オーセンティック・リーダーシップでは組織や人に対する「持続可能性」を考慮に入れているのに対し、サーバント・リ

ーダーシップでは「持続可能性」については考慮に入れていないな
ど、焦点をあてている部分の違いもあります（Avolio, Gardner,
2005）。

　近年では、地球温暖化、天然資源の枯渇、大規模な資源採取によ
る自然破壊などが世界的な問題となっており、これらの諸問題が政
府や企業経営のあり方にも大きく影響を及ぼすようになっています
（環境省, 2017）。発展途上国、先進国の多くがともに取り組む課題
として、2015年9月に国連サミットで採択された「持続可能な世界
を実現するための17のゴール（SDGs）」のデザインロゴをオフィス

図表2-10　SDGsの17の国際目標

（外務省「JAPAN SDGs Action Platform」、2020より転載）

や街中などで目にする機会も増えてきました（**図表2-10参照**）。

「持続可能性」の考慮の有無などの違いがあるのは、サーバント・リーダーシップとオーセンティック・リーダーシップが提唱された時代背景に違いがあるためです。オーセンティック・リーダーシップは、より新しい概念であるため、昨今の社会環境の文脈が反映され、「持続可能性」などの視点が加わっています。しかし、両理論は共通項も複数みられるため、今後、相互の概念の異同と効果の違いの整理に関する研究が待たれるところです。

3-4. 非役職者によるインフォーマル・リーダーシップ

新たな時代の公式なリーダーのあり方として参考となる理論として、サーバント・リーダーシップ、オーセンティック・リーダーシップについて紹介しました。ここからは、メンバーの側、つまり非役職者のリーダーシップに関する動向について紹介していきます。

ハーバード大学の教授でリーダーシップ研究の第一人者でもあるハイフェッツは、著書『リーダーシップとは何か』において、実は、公式な地位を有さない立場の人の方が、リーダーシップを発揮するという点では、利点を有していると述べています（Heifetz, 1996）。ハイフェッツが利点として挙げているのは次の3つです。

■公式な地位を有さない人がリーダーシップを発揮する利点

①創造的な逸脱の自由をより多くもてる（バランスをとらなくていい）
②1つの問題への集中が可能であり、様々な関係者の様々な期待を満たさなくていい
③第一線の情報が手に入る

例として、ハイフェッツはキング牧師とジョンソン大統領を対比し、一人ひとりの有色人種と直接的に接点を持ちながら人種差別撤廃の問題に集中できたキング牧師に対して、ジョンソン大統領は「全国民にとっての大統領」でなければならなかったため、行動が制限されたと説明しています。

　確かに、企業などにおいても、公式なポジションにある役職者は、管轄する組織や部門の全メンバーに対して責任を有し、特定の問題だけに取り組むことは制限されるのに対して、役職に就いていない立場の人は、担当業務をしっかりと担っていれば、自身が問題意識をもつ事柄に集中してリーダーシップを発揮できるという利点がありそうです。一見ハードルが高いように思える非役職者によるインフォーマルなリーダーシップですが、こうしてみると、公式な地位を有さないからこそできることがありそうです。

　公式な役職の有無に関わらず、より多くの人材がリーダーシップを発揮している組織やグループでは、業績やイノベーションの成果が高くなりやすいという研究結果（e.g., Hill, Brandeau, Truelove & Lineback, 2014; 石川, 2013）も徐々に出はじめていることから、企業においては、これまで管理職登用のタイミングになって初めてなされていたリーダーシップ開発のための施策が、昨今では、キャリアの初期から行う流れがあります（金井・守島, 2009; 森永, 2012）。

　早い企業では、内定時期・新入社員の時期からリーダーシップ開発を意図したプログラムが組まれるケースもみられるようになってきました（木村・舘野・松井・中原, 2019）。更に近年では、立教大学をはじめとし、早稲田大学、一橋大学、大阪大学などにおいて、大学生の頃から実践を伴うリーダーシップ教育がなされるケースも広がりつつあります。

　そうしたなか、非役職者によるインフォーマルなリーダーシップとして目指されるあり方についての研究も進みつつあります。第2

章1-2②および2-4で紹介したリーダーシップの専門研究機関であるCCLでは、非役職者によるリーダーシップの一例として、公式な役職や権限をもたない学生が、リーダーシップを発揮するためには、次の4つの重要な要素があると指摘しています（Leis, Yarborough, Reinecke, Leisman, Kosovich, & Ehrlich, 2018）。

■CCLによる学生のリーダーシップ発揮に重要な4要素

①Leading Self
　自分自身および自身の行動についての深い理解のもと、
　自分自身をリードすること
②Leading Academically
　学びは重要であり、価値があることだという信念のもと、
　学業をリードすること
③Leading with Others
　他者とともに効果的にリードすること
④Changing Your World
　自分の置かれている環境でポジティブな変化をもたらす
　ために活動すること

　わが国では、早稲田大学で実践的なリーダーシップ教育を主導している日向野（2015）が、「権限がなくても発揮できるリーダーシップ（leadership without authority）」として、KouzesとPosner（1988）の模範的リーダーの5つの指針を集約した「リーダーシップ最小3要素」を提唱しています。

　日向野は、権限のない人がリーダーシップを発揮する際には、「①目標設定」「②率先垂範」「③他者支援」の3要素が最低限必要となるとしています。まずは明確な目標を設定してメンバーと共有し

（①）、次に自分でやってみせ（②）、メンバーの後押しをするために他者支援（③）を行うという流れです。権限のない人がリーダーシップを発揮するには、指示命令する正式な権限を有さないため、特に②の「率先垂範」が重要になるといいます。この3要素については、第3章第1節でも詳しく紹介します。

　本書の共著者である舘野（2018）は、先の日向野による分類をもとに、リーダーシップ行動を、「個の確立」「目標設定・共有」「同僚支援・環境整備」という3つに分類し、「率先垂範」については全要素において必要となる位置づけとして整理しています。

　日向野、舘野から着想を得て、筆者らのグループは2017年に、社会人を対象とした調査を行いました（堀尾・永國・嶋元・小美濃・竹田，2017）。博報堂、トヨタ自動車、クレディセゾンなど日本の大手企業を中心とした10社の協力のもと、「公式な役職に就いていない立場で、自らの発意で、自分以外の課題解決にもつながる新たな取り組みを、周囲を巻き込んで実現させた人材」、すなわち、インフォーマルなリーダーシップを発揮して活躍している人材11名にインタビュー調査を行いました。

インタビュー内容の詳細はこちらからご覧いただけます
サイトURL
https://www.jmam.co.jp/hrm/training/leadership.html

図表2-11　企業で効果的にインフォーマルなリーダーシップを
　　　　　発揮していた人の4つの共通項

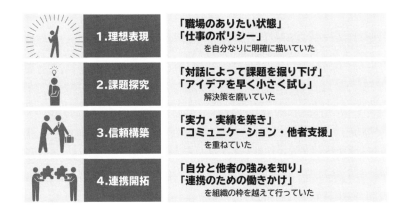

　調査の結果、役職に就いていないながらもインフォーマルなリーダーシップを発揮して活躍する人材には、共通して、「1.理想表現」「2.課題探究」「3.信頼構築」「4.連携開拓」という4つの特徴があることがわかりました（**図表2-11参照**）。

　「1.理想表現」とは、「職場のありたい状態」や自分の「仕事のポリシー」を明確にもっているということです。「2.課題探究」とは、周囲との「対話によって課題を掘り下げ」「アイデアを早く小さく試し」ながら動かしていくことです。「3.信頼構築」とは、「実力・実績を築き」「コミュニケーションや他者支援」を重ねることです。「4.連携開拓」とは、「自分と他者の強みを知り」「連携のための働きかけ」を組織の枠を越えて行うことです。

　詳細については、『インフォーマル・リーダーシップ涵養のための提言』にまとめていますので、興味のある方はぜひそちらも読んでみてください。

　なお、第4章では、同調査のインタビューのうち、非役職者によ

るリーダーシップ発揮事例として、クレディセゾンの方の実際の事例も掲載しています。インフォーマルなリーダーシップを発揮する際のヒントとして、ぜひ参考にしてみてください。

　CCL、日向野、舘野、筆者により提示されている要素を対比すると（**図表2-12参照**）、表現は異なっているものの、いずれもまずは自分自身をリードし（Leading Self、率先垂範、個の確立、理想表現）、現状から変化をもたらすために目標を掲げて活動し（Changing Your World、目標設定・共有、理想表現、課題探究）、他者と協働して他者が動きやすいような働きかけをする（Leading with Others、他者支援、同僚支援・環境整備、信頼構築、連携開拓）ことが、非役職者がリーダーシップを発揮する際には、重要であることがわかります。

　金井（2005）は、非役職者によるこうした自然発生的なリーダーシップは権限や肩書きと関係なく発揮されることから、権限や肩書

図表2-12　非役職者によるリーダーシップの要素比較

CCL (2018)	日向野 (2015)	舘野 (2018)	堀尾他 (2017)
Leading Self	「率先垂範」	「個の確立」 「率先垂範」	「理想表現」
Changing Your World	「目標設定」	「目標設定・ 共有」	「理想表現」 「課題探究」
Leading with Others	「他者支援」	「同僚支援・ 環境整備」	「信頼構築」 「連携開拓」
Leading Academically			

（筆者作成）

きによるパワーをもつ役職者よりも純粋なリーダーシップといえる、と述べていますが、こうした非役職者によるリーダーシップについては、実は、まだ十分に研究し尽くされてはいません。役職者と非役職者によるリーダーシップの要素の違いや、非役職者によるリーダーシップが功を奏するために必要な条件などについても更に研究が必要です。

3-5. リーダーシップ研究の新潮流のまとめ

　本章では、リーダーシップ研究の新たな流れについて様々な切り口の研究を紹介してきました。これらをまとめると**図表2-13**のように整理することができます。

　まず、組織が目指す方向性は、かつての1980年代の頃とは異なり、利潤の追求だけではなく、環境保全や貧困問題などの社会課題解決

図表2-13　リーダーシップ研究の新潮流

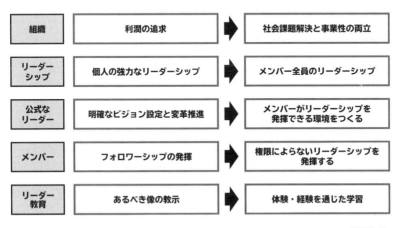

（筆者作成）

と事業性の両立へと大きくシフトしてきています。そして、そうした多様なゴールをイノベーティブな手法で実現していくために、リーダーシップのあり方は、役職者による個人の強力なリーダーシップだけではなく、役職に就いていない人も含めた、より多くの人材によるリーダーシップの発揮が期待されています。

その際、公式なリーダーは、自らが前面にたつリーダーシップだけではなく、メンバーがリーダーシップを発揮できるような「環境づくり」という面でのリーダーシップが求められ、メンバー側は、フォロワーシップの発揮だけではなく、「権限によらないリーダーシップ」の発揮が求められるようになってきています。

最後に、どのような立場にある人にとっても、リーダーシップを育んでいくためには、あるべき像をアタマで理解するだけではなく、経験を積み、カラダで体得していくアプローチの重要性が指摘されるようになっています。

これらの流れを踏まえ、第2部では、実際にリーダーシップを育む教育を設計する際には、どのような視点に留意すべきかについて解説をしていきます。

注1　オーセンティック・リーダーシップが重視する「利己的ではない倫理観」については、先に取りあげたロードとホールのリーダーの自己概念の変容の3段階における第2段階「関係的自己概念」および第3段階「集合的自己概念」(Load & Hall, 2005)との対応も読み取れる。

リーダーシップは誰のもの？

　何とか期日までに経営層に上申する資料を大谷部長に提出できた山田さん。1週間後に大谷部長から経営層に上申が行われた翌日、またもや大谷部長から直々に呼び出されました。

大谷部長　「今回もよくやってくれたね。社長も常務も、資料を熱心に読んでうなずいていたよ。リーダーシップがこんなに深いなんて、目から鱗が落ちる思いもあったみたいだ。今回は、山田さん、鶴岡課長、清水さん、伊藤さん…、まさに資料に書いてあった集合天才が実現した連携プレーだったね。山田さんも周囲に積極的に働きかけて、資料をまとめるなかでリーダーシップを発揮していた様子が伝わってきたよ」

山田　「ありがとうございます。営業から人事に異動してきて、正直手探りの状態でしたが、仕事がすごく面白くなってきました！　もう営業に未練はありません！」

大谷部長　「そうか。でも実は、古巣の営業部の谷口部長から山田さんを課長にしたいから戻してくれって、しつこく頼まれているんだけれど、どうする？」

山田　「ええっ、また異動ですか？（しかも課長昇進！）」

大谷部長　「ははは、冗談だよ（笑）！　課長はまだしばらく、
　　　　　今のままでいいってさ！」

山田　　　「ははは、そうですよね（冗談って…そういうこと
　　　　　冗談で言うかね。まっ、リーダーシップの勉強も人
　　　　　事の仕事も楽しくなってきたときだったから今のま
　　　　　までちょうどよかったな）」

　山田さんは、リストアップや資料づくりを通じて、知らず知
らずのうちに、自分自身もリーダーシップの入り口に立ってい
たようです。
　第2部からは、いよいよリーダーシップ教育を設計する
フェーズに進みましょう。

引用文献

Avolio, B. J. & Gardner, W. L.（2005）"Authentic leadership development: Getting to the root of positive forms of leadership" *Leadership Quarterly*, Vol.16, pp.315-338.

Avolio, B. J., Jung, D. I., Murry, W. & Sivasubramaniam, N.（1996）"Building Highly Developed Teams: Focusing on Shared Leadership Processes, Efficacy, Trust, and Performance" In Beyerlein, M.M. & Johnson, D. A.（eds.）*Advances in Interdisciplinary Study of Work Teams*, Vol.3, Greenwich, CT: JAI Press, pp.173-209.

Avolio, B. J., Luthans, F., & Walumba, F. O.（2004）. *Authentic leadership: Theory building for veritable sustained performance.* Working paper: Gallup Leadership Institute, University of Nebraska-Lincoln.

Bennis, W. G.（2007）"The Challenges of leadership in the modern world: An introduction to special issue" *American Psychologist*, Vol.62, No.1, pp.2-5.

Brewer, M. B. & Gardner, W.（1996）"Who is this "We"? Levels of collective identity and self representations" *Journal of Personality and Social Psychology*, Vol.71, No.1, pp.83-93.

Carson, J. B., Tesluk, P. E. & Marrone, J. A.（2007）"Shared leadership in teams: An investigation of antecedent conditions and performance" *Academy of Management Journal*, Vol.50, No.5, pp.1217-1234.

Day, D. V.（2000）"Leadership development: A review in context" *Leadership Quarterly*, Vol.11, pp.581-613.

Denis, J., Langley, A. & Sergi, V.（2012）"Leadership in the plural" *Academy of Management Annals*, Vol.6, pp.211-283.

Dewey, J.（1938）*Experience and Education.* New York: Macmillan.（市村尚久訳, 2004,『経験と教育』講談社）

Drath, W. H., McCauley, C. D., Palus, C. J., Van Velsor, E., O'Connor, P.M.G. & McGuire, J. B.（2008）"Direction, alignment, and commitment: Toward a more integrative ontology of leadership" *Leadership Quarterly*, Vol.19, pp.635-653.

Duhigg, C.（2016）"What Google learned from its quest to build the perfect team" *The New York Times Magazine*, Feb.25,2016.

Edmondson, A.（1999）"Psychological safety and learning behavior in work teams" *Administrative Science Quarterly*, Vol.44, pp.350-383.

Eigel, K. M.（1998）*Leadership Effectiveness: A constructive developmental view and investigation.* doctoral dissertation, University of Georgia, Athens.

Fransen, K., Van Puyenbroeck, S., Loughead, T. M., Vanbeselaere, N., De Cuyper, B., Broek, G. B. & Boen, F,（2015）"Who takes the lead? Social network analysis as a pioneering tool to investigate shared leadership within sports teams" *Social Networks*, Vol.43, pp.28-38.

Friedrich, T.L., Vessery, W. B., Schuelke, M. J., Ruark, G. A. & Mumford, M. D.（2009）"A framework for understanding collective leadership: The selective utilization of leader and team expertise within networks" *Leadership Quarterly*, Vol.20, pp.933-958.

George, B.（2003）*Authentic Leadership.* Jossey-Bass（梅津祐良訳, 2004,『ミッション・リーダーシップ』生産性出版）

Greenleaf R. K.（1970）*The servant as leader*, Indianapolis, Greenleaf Center.

Greenleaf, R. K.（2002）*Servant leadership: A journey into the nature of legitimate power and greatness 25th anniversary edition.* New York: Paulist Press.（金井壽宏監修・金井真弓訳, 2008,『サーバントリーダーシップ』英治出版）

Grill, A. & Kauffeld, S.（2015）"Development and preliminary validation of the shared professional leadership inventory for teams （SPLIT）" *Psychology*, Vol.6, pp.75-92.

Heifetz, R. A.（1998）*Leadership Without Easy Answers*, Belknap Press: An Imprint of Harvard University Press.（幸田シャーミン訳, 2015,『リーダーシップとは何か！』産能大学出版部）

日向野幹也（2015）「新しいリーダーシップ教育とディープ・アクティブ・ラーニング」松下佳代・京都大学高等教育研究開発推進センター（編）『ディープ・アクティブラーニング：大学授業を深化させるために』, 勁草書房, pp.241-260.

Hill, L.（2003）*Becoming a Manager: How New Managers Master the Challenges of Leadership*, Brighton: Harvard Business Press.

Hill, A. L., Brandeau, G., Truelove, E. & Lineback, K.（2014）*Collective Genius*. Harvard Business School Press.（黒輪篤嗣訳, 2015,『ハーバード流 逆転のリーダーシップ』日本経済新聞出版社）

堀尾志保・加藤崇未（2016）『管理職の経験学習調査』日本能率協会マネジメントセンター.

堀尾志保・永國幹生・嶋元洋二・小美濃とも子・竹田洋介（2017）『インフォーマル・リーダーシップ涵養のための提言』日本能率協会マネジメントセンター.

Hunter, E. M., Neubert, M. J., Perry, S. J., Witt, L. A., Penney, L. M. & Weinberger, E.（2013）"Servant leaders inspire servant followers: Antecedents and outcomes for employee and the organization" *Leadership Quarterly*, Vol.24, pp.316-331.

石原直子（2006）「女性役員の一皮むける経験」,『Works Review』, 第1巻, pp.23-35.

石川淳（2013）「研究開発チームにおけるシェアド・リーダーシップ：チーム・リーダーのリーダーシップ, シェアド・リーダーシップ, チーム業績の関係」,『組織科学』, 第46巻, 第4号, pp.67-82.

石川淳（2016）『シェアド・リーダーシップ』中央経済社.

池田浩（2017）「サーバントリーダーシップ」坂田桐子（編）『社会心理学におけるリーダーシップ研究のパースペクティブⅡ』ナカニシヤ出版, pp.109-124.

金井壽宏（2002）『仕事で「一皮むける」』光文社新書.

金井壽宏（2005）『リーダーシップ入門』日本経済新聞社.

金井壽宏・守島基博（2009）「漸成説からみた早期よりのリーダーシップ発達―教育・人事制度への含意」,『組織科学』, 第 43 巻, pp.51-64.

環境省（2017）『平成27年版 図で見る環境・循環型社会・生物多様性白書』.

Kegan, R. & Lahey, L. L.（2009）*Immunity to Change: How to Overcome It and Unlock the Potential in Yourself and Your Organization*, Brighton: Harvard Business Review Press.（池村千秋訳, 2013『なぜ人と組織は変われないのか』英治出版）

木村充・舘野泰一・松井彩子・中原淳（2019）「大学の経験学習型リーダーシップ教育における学生のリーダーシップ行動尺度の開発と信頼性および妥当性の検討」,『日本教育工学会論文誌』, 第43巻, 第2号, pp.105-115.

Kolb, D. A.（1984）*Experiential Learning: Experience as the Source of Learning and Development*, Prentice Hall.

Kouzes, J. M. & Posner, B.（1988）*Leadership Challenge*. San Francisco, CA: Jossey-Bass.

Lawrence, P. R. & Lorsch, J. W.,（1967）"Differentiation and Integration in Complex Organizations" *Administrative Science Quarterly*, Vol.12, No.1, pp. 1-47.

Leis, M., Yarborough, P., Reinecke, S., Leisman, T., Kosovich, J. & Ehrlich, V.（2018）*Leadership Indicator for Students*（LIS）. Greensboro, NC: Center for Creative Leadership.

Leroy, H., Palanski, M., Simons, T.（2012）"Authentic leadership and behavioral integrity as drivers of follower commitment and performance" *Journal of Business Ethics*, Vol.107, No.3, pp.255-264.

Liu, S., Hu, J., Li, Y., Wang, Z. & Lin, X.（2014）"Examining the cross-level relationship between shared leadership and learning in teams: Evidence from China" *Leadership Quarterly*, Vol.25, pp.282-295.

Load, R. G. & Hall, J. H.（2005）"Identity, deep structure and the development of leadership skill" *Leadership Quarterly*, Vol.16, pp.591-615.

松尾睦（2013）『成長する管理職－優れたマネジャーはいかに経験から学んでいるのか』東洋経済新報社.

McCall, M. W.（1988a）*The lessons of experience: How Successful Executives Develop on the Job*, New York: Free Press.

McCall, M. W.（1988b）*High flyers: Developing the next generation of leaders*, Brighton: Harvard Business Press.

McCauley, C. D., Braddy, P. W. & Cullen-Lester, K.L.（2019, April）"Direction, alignment, commitment: Measuring the collective outcomes of leadership" Poster session at the annual conference of the Society for Industrial and Organizational Psychology, National Harbor.

McCauley, C. D., Derue, S, Yost, P.R. & Taylor, S.（2013）*Experience-Driven Leader Development: Models, Tools, Best Practices, and Advice for On-the-Job Development*, Hoboken: Wiley.

McCauley, C. D. & Fick-Cooper, L（2015）*Direction, Alignment, Commitment: Achieving Better Results Through Leadership, Second Edition*, Center for Creative Leadership. NC.

McCauley, C. D., Moxley, R. S. & Velsor, E. D.（2011）*Handbook of leadership development*, San Francisco: Jossey-Bass.

McCauley, C. D., Ruderman, M. N., Ohlott, P. J. & Morrow, J. E.（1994）"Assessing the developmental components of managerial jobs" *Journal of Applied Psychology*, Vol.79, No.4, pp.544-560.

森永雄太（2012）「階層型組織におけるリーダーシップ開発に対するセルフリーダーシップ論の貢献」,『立教ビジネスレビュー』, 第5巻, pp.9-17.

大下英治（1998）『ソニー・勝利の法則』光文社文庫.

Pearce, C. L. & Conger, J. A.（2003）*Shared Leadership: Reframing the Hows and Whys of Leadership*, SAGE Publications.

Sedikides, C. & Brewer, M. B.（2001）*Individual self, relational self, collective self*. New York, Psychology Press.

Shamir, B. & Eilam, G.（2005）"What's your story? A life-stories approach to authentic leadership development" *Leadership Quarterly*, Vol.16, No.3, pp.395-417.

Spears, L. C.（1995）*Reflections on leadership: How Robert K. Greenleaf's theory of servant-leadership influenced today's top management thinkers*. New York, John Wiley.

Spears, L. G. & Lawrence, M.（2002）*Focus on leadership: Servant-Leadership for the twenty-first century*. New York: John Wiley.

高橋潔（2009）「リーダーシップと脳」,『産政研フォーラム』, 第82巻, pp.47-51.

高橋潔（2012）「リーダーシップの本質」,『国民経済雑誌』, 第205巻, 第6号, pp.51-66.

田中堅一郎（2013）『立教大学心理学研究』, Vol.55, pp.79-88.

谷口智彦（2006）『マネジャーのキャリアと学習』白桃書房.

舘野泰一（2018）「大学におけるリーダーシップ教育の事例」舘野泰一・高橋俊之（編）『リーダーシップ教育のフロンティア【研究編】：高校生・大学生・社会人を成長させる全員発揮のリーダーシップ』北大路書房, pp.82-112.

Wang, D., Waldamn, D. A. & Zhang, Z.（2014）"A meta-analysis of shared leadership and team effectiveness" *Journal of Applied Psychology*, Vol.99, pp.181-198.

第 **2** 部

実践編

第 **3** 章

リーダーシップ教育の実践

1 リーダーシップ教育が
求められる背景

　本章のテーマは、「リーダーシップ教育の実践をいかにデザインするか」です。日本国内におけるリーダーシップ教育の実践・研究ははじまったばかりですが、徐々に大きな広がりを見せつつあります。そこで、本章では、リーダーシップ教育が求められる時代背景や、リーダーシップ教育の理論的枠組みを紹介したうえで、具体的な設計手法や評価の手法について紹介します[注1]。

1-1. 企業を取り巻く環境の変化

　企業におけるリーダーシップ開発の重要性はこれまでも認識されてきましたが、近年は新たに2つの傾向がみられます。

　1つめは、リーダーシップ開発の早期化です。これまでのリーダーシップ開発は「管理職になってから」、もしくは「管理職になる直前」に受けることが多く、「キャリアの初期」にリーダーシップ開発を真剣に取り組む企業は少ないという現状がありました（金井・守島, 2009）。しかし、近年では企業間競争の激化など、企業を取り巻く環境の変化から、早期の選抜や研修を行う企業が増えてきています（森永, 2012）。このように、以前と比べ、リーダーシップ開発の研修を初期キャリアの段階から取り組もうとする流れがあります。

　2つめは、リーダーシップ開発を受ける対象者の拡大です。これ

まではリーダーシップ研修を受けるのは、一部の管理職や管理職候補に限定されていました。しかし、近年では、権限や役職に関係なく、リーダーシップ研修を受けてもらうという流れが生まれてきています。その背景には、企業を取り巻く環境変化のスピードが上がり、以前よりもイノベーションが求められるという環境が挙げられます。こうした環境に対応するためには、組織のトップや上位階層だけがリーダーシップを発揮しているだけでは不十分という認識が広がり、外資企業を中心に全員にリーダーシップを身につけさせようという動きがあります（日向野, 2015）。これらは第2章第2節で紹介された集合的リーダーシップの考えと共通するものといえます。

　この2つの傾向を一言でまとめると、リーダーシップ開発の傾向は「なるべく早く、そして全員に」ということができます。図表3-1を見ると、これまでとはリーダーシップ開発の対象が異なっていることがより明確に理解できるでしょう。この流れは企業内にとどまらず、教育機関にまで大きな影響を与えています。

図表3-1　リーダーシップ開発の傾向

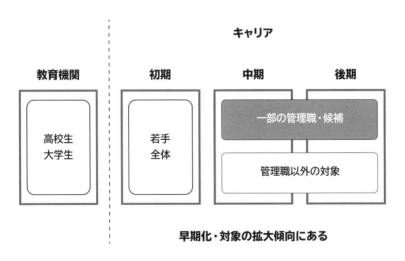

1-2. 教育機関で行われるリーダーシップ教育

　企業におけるリーダーシップ開発の変化を受け、近年では教育機関でもリーダーシップ教育の実践がなされています。たとえば、大学における実践として、立教大学、早稲田大学、国学院大学、実践女子大学などでリーダーシップ教育が行われています。このなかでも特に大規模に行っているのが、立教大学経営学部です。2006年の学部創設とともに、１学年約400名の学生全員に対してリーダーシップ教育の実践を行っており、現在では全学部の学生が受講可能なリーダーシップ教育科目が設置されています（詳細は第４章で紹介します）。

　大学におけるリーダーシップ教育の実践は、それぞれの大学によって規模や対象は異なりますが、近年導入している大学では、産学連携型のプロジェクト学習が取り入れられるなど、実践的な形式で実施しているのが特徴です。年々少しずつリーダーシップ教育を取り入れる大学が増えている傾向があります。

　また、近年では大学に限らず、高校のなかでもリーダーシップ教育の実践が広がりつつあります。たとえば、都立高校では「人間と社会」の教科書のなかにリーダーシップ教育の内容が掲載されています（東京都教育庁指導部高等学校教育指導課, 2016）。授業以外でも部活動にリーダーシップ教育を取り入れるなど、授業内外でリーダーシップ教育を取り入れようとする動きがみられます。

　このように、日本におけるリーダーシップを育むための実践は、企業のなかだけではなく、教育機関も含めて、新たな流れが生まれてきている現状があります。

1-3. リーダーシップ教育の重要性

　これまで述べてきたとおり、企業・教育機関双方の変化により、日本国内でリーダーシップ教育の研究・実践のニーズが高まってきています。アメリカの大学では、リーダーシップ教育の実践は行われていますが、日本国内では実践・研究ともにまだまだはじまったばかりです。しかし、世の中のニーズの高まりとともに、徐々に知見が蓄積されつつある新しくホットな領域でもあります。

　本章の知見は、教育機関におけるリーダーシップ教育の実践・評価に活用できますが、企業内でももちろん活用することができます。リーダーシップ教育の知見の特徴は、①社会に出る前の若い人を対象にしている（できる）、②現時点での権限や役職に関係なく実施できる、という特徴があります。これらの特徴は、現在求められている企業でのリーダーシップ開発の新たな傾向である「より早く、より多くの人に」と合致するものです。まだ権限のない若手社員であっても、リーダーシップについて効果的に学ぶことができます。

　では具体的にリーダーシップ教育とはどのようなものなのかについて次に説明していきます。

注1　一般的に企業におけるリーダーシップを育む実践は「リーダーシップ開発」と呼ばれる。本章における「リーダーシップ教育」という呼び方は、主に教育機関での実践を指す場合に使用されているため、本章内でも上記のルールで表記を分けて表現する。本章では主にリーダーシップ教育の知見について紹介するが、この知見はもちろん企業の文脈でも活用でき、今後より重要になる可能性があるため、その理由や背景について最初に説明する。

2 リーダーシップ教育の枠組み

2-1. リーダーシップ教育とは

　リーダーシップ教育は「効果的なリーダーシップを発揮するために、個人の能力・資質・行動の向上を目指すこと」です（舘野, 2018a)[注1]。この定義が示している重要なポイントは以下の3点です。

---

①教育の対象が「個人」であること
②リーダーの選別が目的でなく、効果的なリーダーシップを
　発揮するために何が必要かを検討していること
③リーダーシップは学習可能と捉えていること

　この3つは、近年のリーダーシップ研究の特徴である、（1）リーダーシップは権限や役職にとらわれず全員が発揮できる、（2）リーダーシップは才能・センスの問題でなく学習可能である、という前提をもとにしています[注2]。

2-2. リーダーシップ教育の教育目標とは

　では、効果的なリーダーシップを発揮するために高めるべき「個人の能力・資質・行動」とはいかなるものなのでしょうか。これに

ついては、1つの明確な回答があるわけではありません。リーダーシップ教育を行ううえでは、1つの正しいリーダーシップ論を想定して、その内容を遵守するのではなく、人が成長していくプロセスに着目するという姿勢が重要です（Day, Harrison, & Halpin, 2009）。

つまり、本書で紹介された様々なリーダーシップ論のうちから1つを選択してそのまま教育目標にするのではなく、企業・大学などが状況に合わせて、理論やモデルを組み合わせて教育目標を設定する必要があります。実際に、アメリカの大学におけるリーダーシップ教育では、大学の教育理念などと照らし合わせて教育目標を設定しています（泉谷・安野, 2015）。

本章では、日本のリーダーシップ教育の現状を踏まえ、教育機関および企業の若手社員に活用できる枠組みを示しています（図表3-2参照）。この枠組みでは、4つの要素を高めることが、効果的なリーダーシップ行動を促し、リーダーシップが発揮されることを示し

図表3-2　リーダーシップの教育概念モデル

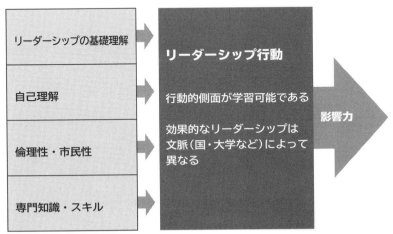

（舘野, 2018aより転載）

ています。以下、それぞれについて詳細を説明します。

　1つめは、リーダーシップの基礎理解です。日本国内では、リーダーシップ教育の実践があまりなされていないこともあり、リーダーシップの理解が高いとはいえない状況があります。よくある理解としては、リーダーシップを、①一部の権限や役職がある人だけが発揮するものだと考えている（自分には関係がないと考えている）、②「周りを引っ張る」など一部の行動のみをリーダーシップ行動と捉えている、③リーダーシップは才能やセンスで決まるものだと考えている、などが挙げられます（図表3-3参照）。

　このような認識をもっていては効果的なリーダーシップ行動をすることができません。なぜなら、「自分にはリーダーシップは関係がない」と考えていたり、ある特定の行動だけをリーダーシップ行動と考えていたりするからです。まずは、本書で示されているような近年のリーダーシップに対する基礎的な知識を理解する必要があ

図表3-3　リーダーシップのイメージ

	一般的なイメージ	近年の理論
対象	権限・役職	全員
行動	周りを引っ張る	引き出すなどを含む
規定要因	才能・センス	学習可能

ります。

　2つめは、自己理解です。近年のリーダーシップ論では、効果的なリーダーシップを発揮するために「自分らしさ」を活かすことに注目が集まっています。第2章3-3で紹介したオーセンティック・リーダーシップでも、「自分らしさ」というキーワードが挙がっていました。「自分らしさ」を活かすとは、すなわち、万人に良いとされているリーダーシップ行動をそのまま行うだけではなく、自分のスタイルにあったリーダーシップ行動を行うほうが、効果的であるということです。こうした考えを、パーソナリティ・ベースド・リーダーシップと呼びます。このようなリーダーシップを発揮するためには、「自分の強みや弱みを知り、自分の行動が他者にどのようなインパクトを与えるか」を理解しておく必要があるというわけです。

　しかし「あなたらしいリーダーシップとはどのようなものですか？」と聞かれてすぐに答えられる人は少ないのではないでしょうか。そのためには「自分に対する理解」を深めることが必要になります。よって、自己理解を深めるような取り組みをリーダーシップ教育のなかで実践していくことが重要になります。

　3つめは、倫理性・市民性です。リーダーシップ研究のなかでは、カリスマ型リーダーシップなどへの反動から、近年では倫理性に対する注目が集まっています。自分や自社の利益だけを考え、目的のために手段を選ばないという姿勢ではなく、周りの利益を考える姿勢が、効果的なリーダーシップを発揮するために重要です。

　市民性は、日本ではあまりなじみがないかもしれませんが、アメリカのリーダーシップ教育ではむしろ非常に重視される概念です。市民性は「コミュニティのメンバーなら、コミュニティが機能し続け、より良くなるように、他者と協同する責任がある」ことを指しています（Komives, Lucas & McMahon, 2013）。このように、自分だけではなく、周りのコミュニティのことを意識するということ

も、効果的なリーダーシップを発揮するために重要な要素となります。

　4つめは、専門知識・スキルです。これは主にリーダーシップを発揮する領域における専門知識や、論理思考力などのことを指します。当たり前のように聞こえるかもしれませんが、効果的なリーダーシップを発揮するためには、当該領域についてのこれらの能力が必要になります。これらがなければ、リーダーシップを発揮するための幅や深みが限定されてしまうからです。たとえば、ビジネスに関する知識や考える力がなくては、発揮できるリーダーシップは限定的であるということはイメージしやすいでしょう。よって、専門知識やスキルを身につけることもまた、リーダーシップ教育においては必要になるのです。

　以上、4つの要素について説明してきました。この4つの要素を高めることが効果的なリーダーシップ行動につながります。次に、効果的なリーダーシップ行動とは具体的にどのようなものを指すのかについて説明します。

2-3. リーダーシップ行動とは

　リーダーシップ行動とは「職場やチームの目標を達成するために他のメンバーへ及ぼす行動」のことを指します。「行動」とあるように、具体的なアクションのことです。先ほども示したとおり、一般的なリーダーシップのイメージでは「周りを引っ張る・まとめる」ことに関する行動を想起する人が多いです。しかし、この定義をみればわかるとおり「職場やチームの目標の達成」に資する行動であれば、全てリーダーシップ行動と捉えることができます。よって、目標達成に効果的なものであれば「話をよく聞く」「裏方で支える」といった行動もリーダーシップ行動と呼ぶことができます。このようにリーダーシップ行動として捉えられる行動は多岐にわたります。

しかし、「目標達成に資する行動であればなんでもよい」といわれると、初学者にとってはわかりにくい側面もあるでしょう。そこで、初学者が最初にリーダーシップ行動をするうえで理解しやすい具体的なリーダーシップ行動のポイントについて紹介します。

　日本のリーダーシップ教育では、第2章3-4でも紹介した日向野（2015）のリーダーシップの最小3行動という枠組みがよく活用されています。最小3行動とは「率先垂範」「他者支援」「目標設定」のことを指します。最小としてあるのは、これだけがリーダーシップ行動の全てというわけではなく、最低限必要な導入の行動として示されているからです。

　「率先垂範」とは、自分から動き、他者の模範となることです。たとえば、会議のなかで最初に発言するなどの行動をすることで、他者の模範となり、他者が発言しやすい雰囲気をつくるなどが挙げられます。率先垂範はリーダーシップ行動のなかでもわかりやすく、まず自分から一歩踏み出すという点で、最初に意識したい行動です。

　「他者支援」とは、個人やチーム全体が動きやすくなるように環境を整えることです。たとえば、「会議で発言しやすい雰囲気をつくる」「周りのモチベーションを高める」などが挙げられます。自分だけの力でなく、周りの力を最大限に発揮できるような環境をつくる行動といえます。

　「目標設定」とは、チームのビジョンや目標をつくり、チームメンバーに理解してもらうことを指します。たとえば「職場のメンバーが達成したいと思えるような魅力的な目標を立てる」などが挙げられます。目標設定をうまく行うことは難易度が高いですが、「我々はどこに向かうのか？」という点を示すということは、リーダーシップ行動における非常にコアな役割を担っています。

　こうした具体的なリーダーシップ行動のリストは、初学者が一歩を踏み出すためにも有効な枠組みとなります。海外のリーダーシッ

プ教育では「リーダーシップ・チャレンジ」の「5つの実践」がよく取り入れられています（Kouzes & Posner, 1988）[注3]。5つの実践とは、「①模範となる」「②共通のビジョンを呼び起こす」「③プロセスに挑戦する」「④人々を行動に駆り立てる」「⑤心から励ます」です。これらのリストも、初学者がリーダーシップ行動を行ううえで参考になります。もちろん、先ほど示したとおり、効果的なリーダーシップを発揮するうえでは「自分らしさ」を活かす必要があるので、これらの行動を指標としながらも、それを真似するだけでなく、自分らしいリーダーシップを探究していくことが必要となります。

　以上、本節ではリーダーシップ教育の枠組みを紹介してきました。リーダーシップ教育は、近年のリーダーシップ研究の潮流である（1）リーダーシップは全員が発揮するもの、（2）リーダーシップは学習できるもの、という前提のもと、効果的なリーダーシップを発揮できるために、個人の能力・資質・行動の向上を目指すものです。

　本節では、具体的にリーダーシップ教育の枠組みとして、4つの要素とリーダーシップ行動の種類について説明しました。これらはいわば「何を育成するのか？」という、リーダーシップ教育の教育目標・目的を示すものでした。次節ではこれらの要素を実際にどのようにリーダーシップ教育の実践として行っていくのかについて説明していきます。

注1　リーダーシップを「職場やチームの目標を達成するために他のメンバーに及ぼす影響力」（石川, 2018）と捉えたうえで、リーダーシップ教育を定義している。
注2　この前提は、リーダーシップ教育だけでなく、前章で紹介した企業を対象にした「リーダーシップ開発論」でも同様である。
注3　先ほど示したリーダーシップの最小3行動も「リーダーシップ・チャレンジ」の内容を参考にしており、日本のリーダーシップ教育の文脈にあわせて3つにまとめられている。

3 リーダーシップ教育の手法

3-1. リーダーシップ教育の体系

　リーダーシップ教育は、大きく「知識・スキル型」と「経験学習型」の2つに分かれます（図表3-4参照）。それぞれについて説明します。

　「知識・スキル型」とは、リーダーシップの理論に関する知識や、

図表3-4　リーダーシップ教育の手法

知識・スキル型	経験学習型	
	経験構築型	経験活用型
リーダーシップに関するスキル・トレーニングの授業	大学・企業におけるプロジェクト形式の授業・研修	既存授業，行事，部活動
	振り返り	
現場と離れた場所で授業を行う	産学連携・地域連携	360度フィードバック コーチング メンタリング

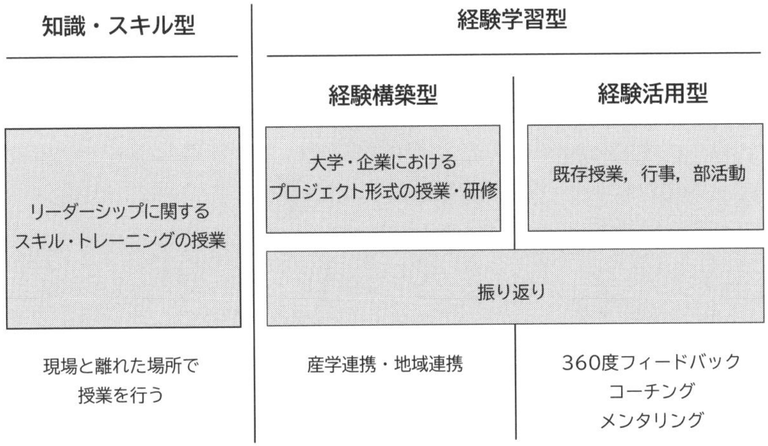

（舘野，2018aより転載）

スキル（コミュニケーション・スキルや思考スキル）をもとに、リーダーシップ教育を行うものです。知識・スキル型の特徴は、リーダーシップ教育をするうえで、実際にリーダーシップを発揮する経験をする必要はないという点です。そのため、教室内での講義やスキル・トレーニングという方法で学習を促します。企業のリーダーシップ開発においても、現場から離れ、研修としてリーダーシップに関連する知識やスキルを学ぶという形式は、知識・スキル型と呼ぶことができます。

　知識・スキル型のアプローチは、前節で示したリーダーシップを高めるために必要な４つの要素のなかでも「リーダーシップの基礎理解」や「専門知識・スキル」を高めるうえで有効なアプローチといえます。特に、現在の国内のリーダーシップ教育の現状をみると、新たなリーダーシップの考え方についての基礎的な知識を学ぶことは重要です。また、リーダーシップを発揮することが具体的にどのようなことなのかを学ぶうえで、スキル・トレーニングはわかりやすく、実践的です。

　一方、知識・スキル型の特徴である「実際にリーダーシップを発揮する経験をするわけではない」という点はデメリットにもなります。実際にリーダーシップ行動として現場で行動ができるのかがわからない点や、「実際の自分のリーダーシップ行動に対するフィードバックをもらう」といったことができません。よって、実践のなかで「自己理解」を深めたり、「市民性・倫理性」を具体的なアクションとして学んだりすることができないという点が挙げられます。また、そもそもリーダーシップを発揮する経験をしたことがないという学習者もいます。そうした学習者には、まず経験をしてもらうというアプローチも有効になります。

　次に「経験学習型」のアプローチについて説明します。「経験学習型」は、実際にリーダーシップを発揮する経験から学びます。経

験学習をもとにしたリーダーシップ開発論については既に第2章1
-2で述べられていますが、本章においても重要なポイントを確認
しながら説明していきます。

　経験学習型のアプローチは、大きく「経験」と「内省」から構成
されます。教育機関でのリーダーシップ教育の場合、「経験」とは、
たとえば、企業や地域と連携したプロジェクト型学習などを通して、
実際にリーダーシップを発揮する経験をすることです。既存の活動
（部活動や文化祭、体育祭など）をリーダーシップ発揮の機会と捉
え活用する経験活用型と、リーダーシップ教育のために新たな経験
の場（企業や地域との連携など）を構築する経験構築型に分かれま
す。いずれの経験にせよ、リーダーシップの発揮が必要となる、い
わゆる「タフな経験」を準備することが重要です[注1]。企業の場合に
は、リーダーシップを高めるための「良質な経験」を仕事のなかで
してもらうために、いかに「仕事の割り当て」を行うかなどが検討
されます（Yukl, 2013）。

　しかし、経験だけではリーダーシップを高めることはできません。
ここで欠かせないのが「内省」です。内省とは、自分のリーダーシ
ップ行動を、自分なりに振り返り、成功・失敗などの要因を探り、
教訓化したうえで、次の行動に移すことです。

　リーダーシップ教育の実践では、「個人の内省」の前に、必ずグ
ループメンバーからフィードバックをもらう活動を取り入れます。
そうすることで、自己と他者の見え方のズレを理解することができ、
効果的なリーダーシップを発揮するために何が必要かについてより
深く学ぶことができます。企業の場合には、「360度フィードバック」
などが取り入れられます（Yukl, 2013）。360度フィードバックとは、
自分のリーダーシップ行動について、上司・同僚・部下からフィー
ドバックをもらう手法です。こうした方法を通じて、他者の視点を
取り入れた振り返りを行います。

経験学習型のアプローチでは、実際にリーダーシップを発揮する経験を通じて学ぶので、「知識・スキル型」とは異なる効果が期待できます。まず「リーダーシップの基礎理解」については、講義で聞くだけよりも、より実感をもって深めることができます。たとえば、「引っ張ること」だけが効果的なリーダーシップ行動ではないということを、グループ活動をもって経験することができる可能性があります。

　「専門知識・スキル」については、体系的に学ぶという点では「知識・スキル型」には劣りますが、実践のなかで学ぶことで、知識の重要性を理解し、使える「知識・スキル」を身につけられる可能性が高まります。

　「自己理解」については、実際に自分のリーダーシップ行動をしたうえで、プロジェクトの結果や、メンバーのフィードバック、自分の手応え、などを踏まえて振り返るため、自分の強みや弱みが何かをより深く理解することができます。

　「倫理性・市民性」についても、ただ知識として理解するだけではなく、チームをより良くするために具体的に何ができるのかを考え、実行する経験ができます。プロジェクト課題では「不満を提案に変える」課題に取り組むことが多いため、倫理性や市民性を高める機会となります。

　一方、経験学習型のデメリットは、①コストがかかること、②失敗のリスクがあること、③体系的に学べるとは限らないこと、などが挙げられます。経験学習型のアプローチは、実際にリーダーシップを発揮する経験をするため、運営側も学習者側も、時間や労力がかかります。特に、企業や地域などと連携をする場合には、プロジェクトの関係者が増えるため、運営チームのマネジメントなどが必要になります。

　次に、こうした連携によるプロジェクト型学習では、「失敗でき

ない環境」であるにも関わらず、「失敗する可能性も充分にある」ということが挙げられます。たとえば、地域と連携して何かのイベントを実施するという場合に、「イベントを失敗させてもよい」ということになりません。「大成功」ではなくても、必ず形にする必要があります。

しかし、イベントを形にするために、メンバー同士が何度も衝突することなどが想定されます。もちろん、こうした衝突の機会が、リーダーシップ行動を振り返るための非常にリッチな素材となるのですが、タフな経験をさせつつも、プロジェクトとして成立させるという環境をつくるのは容易ではありません。

最後に、プロジェクトを進めるうえで「学習者がどのような経験をするのか」については、プロジェクトやグループ次第となるため、「体系的な知識やスキル」を身につけるということには向いていません。むしろ、個人がそれぞれ自己理解を深め、「自分らしいリーダーシップの発揮方法」を理解するなど、個々人の多様な学びの機会と捉える必要があります。

以上、大きく2つのアプローチを紹介してきました。経験学習型のアプローチについては、近年注目が集まり、設計手法についての関心が高まっているため、次節で詳細を説明します。

なお、本節で紹介した2つのアプローチはどちらのアプローチが優れているというものではなく、それぞれのアプローチの特徴を生かして、効果的に配置したカリキュラムを開発することがポイントになります。自組織の状況にあわせて、最適な配置を検討することが最初のステップになります。

3-2. 経験学習型リーダーシップ教育の設計

次に、経験学習型リーダーシップ教育の具体的な設計について説

明します。ポイントは「経験」と「内省」の場の設計です（舘野,
2018a）。

　①リーダーシップを発揮する環境づくり（経験の場のデザイン）
　②経験を成長につなげるための仕組みづくり（内省）

　1つめのリーダーシップを発揮する環境づくりとは、リーダーシ
ップの発揮が必要となる場面を構築するということです。先ほどは
「タフな経験」と表現しましたが、具体的には「挑戦を伴う困難な
課題」や、「新規な課題」のことを指します。これらは一人で乗り
越えることが難しく、必ず周りの人たちと協力する必要があります。
まさにリーダーシップを発揮せざるをえない状況です。
　しかし、もちろん「難しいだけの課題」を設定すればよいという
ことではありません。リーダーシップを発揮する環境づくりをする
うえでは「挑戦（目標のレベル）」と「現在の能力」のバランスを
とることが大切になります。なぜなら、高すぎる課題では挑戦を諦
めてしまい、簡単な課題では退屈してしまう可能性が高いからです。
　たとえば、高校野球を例に考えてみましょう。地方予選の1回戦
で負けてしまうことが多いチームに対して、「甲子園出場」という
目標を立てても、挑戦の難易度が高すぎて諦めてしまう可能性があ
るでしょう。一方、甲子園の常連校に対して、「1回戦の突破」と
いう目標では難易度が低すぎてしまいます。「簡単ではないけれど、
チームが一丸となれば達成できるような課題や目標」を設定するこ
とが重要になります。
　具体的に、教育機関で行われるリーダーシップ教育では、企業や
地域と連携したプロジェクト型学習の形が多くとられます。企業や
地域から「プロジェクト課題」が学生に提示され、そのプロジェク
トに学生が取り組むという形式です。

ここで設計のポイントになるのが「プロジェクト課題」です。企業や地域が本当に抱えている問題に学生が取り組むことは、「新規で挑戦的な課題」であり、本気になりやすいため有効です。一方で、企業や地域が実際に抱えている問題にそのまま取り組むことは、難易度が高すぎてしまう可能性があります。そのため、実際に学生にはどのようなプロジェクト課題に取り組んでもらうかについては、プロジェクト課題の文言や条件などの設定を、連携先とコミュニケーションしながら設定する必要があります。

　こうしたプロジェクト型の研修は、企業におけるリーダーシップ開発のなかでも用いられます。たとえば、地域と連携して、地域の課題を異業種４社の次世代リーダー社員で構成されたチームで取り組むといった実践の報告がなされています（中原, 2018）。

　もちろん、先ほど述べたとおり、新たなプロジェクトを準備しなくても、教育機関であれば「クラブ活動」「文化祭」「体育祭」、企

図表3-5　リーダーシップ教育のステップ

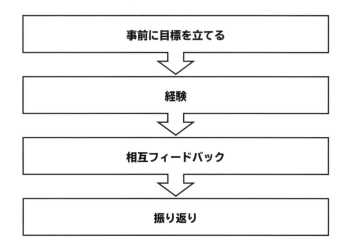

業であれば通常行っている仕事を、リーダーシップを発揮する場面と捉え直すという方法もあります。先ほどの「高校野球の例」においても、適切な課題や目標を設定すれば、リーダーシップを学ぶ機会として活用することができます。このように、経験学習型リーダーシップ教育を行ううえでは、リーダーシップを発揮する経験を作り出す、もしくは、既存の経験をリーダーシップ教育の機会と捉えて活用するというアプローチが重要になります。

　2つめの経験を成長につなげるための仕組みづくりとは、内省を促すためのデザインと言い換えられます。リーダーシップを高めるために経験は重要な要素ですが、それだけでは学びにつながりません。自分自身のリーダーシップ行動に対する振り返りができる環境を構築する必要があります。そのためには、リーダーシップ経験の前後に、3つの場をデザインする必要があります。

　ステップ1は、事前にリーダーシップに関する個人目標を立てて

図表3-6　目標の種類とチェックポイント

目標の種類	具体的に何を考えるか	考えるうえでのポイント
理想像	自分が最終的にどのようなリーダーシップを発揮する人になりたいのか？	本当にそうなりたいか？実現することにワクワクするのか？
行動目標	具体的にどのようなリーダーシップ行動を心がけるのか？	具体的で測定可能な目標になっているのか？

もらうことです。内省は「経験の後」に行うイメージがあると思いますが、「何について振り返るのか」を考えるうえで、事前の目標設定は重要です。これがあることで、振り返りの視点が明確になります。事前に目標を立てずに経験に進むと、経験をしているときにも自分のリーダーシップに注意が向かず、行動にもつながりにくいというデメリットがあります。

個人目標は「自分が最終的にどのようなリーダーシップを発揮する人になりたいのか？」（理想像）といった大きなレイヤーと、「具体的にどのようなリーダーシップ行動を心がけるか？」（行動目標）といった具体的な行動目標のレイヤーの両方を設定することが大切です（**図表3-6参照**）。理想像については「本当に自分がそうなりたいのか？」「実現した時にワクワクするような目標か？」を意識して目標設定してもらいましょう。そういった目標を立てないと、経験の途中で目標を忘れてしまう、思い切って率先垂範する行動ができない、などの状況が起きやすい傾向があります。一方、行動目標は「具体的で測定可能か？」など、アクションに直接的につながりやすい目標を設定してもらいます。

具体例を1つ挙げてみましょう、理想像として「自分は常に人を巻き込んで、関わるメンバーのモチベーションを上げられるような人になりたい」という目標を立て、具体的な行動目標として「チームメンバーの得意なこと・好きなことをグループワークの時に聞く」などを設定するということが考えられます。行動目標は1つである必要はありません。また、授業やグループワークごとにこまめに設定してもらってもよいでしょう。事前にこうした目標を設定することで、具体的なアクションにつながりやすく、相互フィードバックや振り返りをする際の視点になります。

ステップ2は、相互フィードバックを行う機会を設けることです。リーダーシップを発揮することは「他者への影響力」であることか

らも、「他者がどのように感じていたのか」を聞くことは重要です。自分がリーダーシップを発揮したと思っていても、他者がそのように感じているとは限りません。一方、自分はあまり意識していない行動であっても、他者にポジティブな影響を与えている可能性があります。

　これらの関係を考えるうえで理解しやすい枠組みが「ジョハリの窓」です（図表3-7参照）。相互フィードバックをするうえでは「ジョハリの窓」の「盲点の窓」（自分は気づいていないが、他者は気づいている）に関するフィードバックをもらうことが、自己理解を深めることになり、結果として効果的なリーダーシップを高めることにつながります。

　このように「他者の視点」は、自己に対する認識を深めるうえで非常に重要な役割をもっており、効果的なリーダーシップを発揮するうえでキーとなります。自己認識は一人で完結できるものではあ

図表3-7　ジョハリの窓

	自分は気づいている	自分は気づいていない
他人は気づいている	①開放の窓	②盲点の窓
他人は気づいていない	③秘密の窓	④未知の窓

りません。自己認識ができている状態とは、「自分が自分のことを知る（内的自己認識）」ことと、「他者から自分がどのようにみられているかを知る（外的自己認識）」ことの両方を理解し、それらが一致していることだといわれています（Eurich, 2017）。こうした機会をプログラムのなかに取り入れる必要があります。

　相互フィードバックの機会は、具体的に「プロジェクトがはじまってすぐ」「プロジェクトの中間地点」「プロジェクトの最後」などに取り入れられます。「プロジェクトの最後」だけにフィードバックを行うと、フィードバックをもらったうえで「行動を改善する機会」がないので、途中に取り入れることが効果的です。

　相互フィードバックの目的は、「学習・成長」であり「評価」ではありません。「良い・悪い」を判断するのではなく、「次の行動がより良いものになること」を目的にして行います。この点は、相互フィードバックを行う際に繰り返し伝える必要があります。この目的を押さえずにフィードバックを行うと、いわゆる「反省会」や「過去の愚痴の言い合い」になってしまうことがあります。相互フィードバックは「変えられない過去」について語る場ではなく、「変えられる未来」のために行う場であることを認識してもらうよう丁寧に目的を伝えることが重要です。

　相互フィードバックでは、リーダーシップを発揮する経験をした後に、グループメンバーから、自分のリーダーシップ行動のポジティブな面と、ネガティブな面（改善が必要な点）の両方を伝えます。

　なお、フィードバックを行う際には「SBI」を意識して伝えるとより効果的です。SBIとは、Situation（状況）、Behavior（行動）、Impact（影響）の３つの頭文字です。第２章で紹介したアメリカの非営利教育・研究機関であるCCLが提唱しているフィードバックのためのモデルです。SBIを押さえたフィードバック例は「あなたが先週の会議で（状況）、周りの人の意見も積極的に引き出す問い

かけをしていたことで（行動）、新しい意見が引き出され、良いアイデアが生まれた（影響）」などが挙げられます。

SBIを意識しないフィードバックは、ポジティブなものであっても、ネガティブなものであっても、リーダーシップ行動を改善したり、自己理解をしたりするうえで効果を期待しにくいという点が挙げられます。たとえば、「いつも頑張ってくれてありがたい」（状況と具体的な行動が示されていない）、「機嫌が悪いときがある」（状況、行動、影響が示されていない）とフィードバックされても、次に具体的にどのような行動をしたらよいかを理解することが困難です。

それよりも「このあいだのグループワークで議論がうまく進まなかったときに、ホワイトボードに議論を整理してまとめてくれたことで、議論が活性化した」など、SBIを明確に示したフィードバックのほうが学習につながります。

このように、相互フィードバックの場をどのようにデザインするかは、リーダーシップ教育において重要な視点となります。「学習・成長」を目的として、自分と他者の視点が比較できる場を設けることが効果的なリーダーシップ行動を促すことにつながります。

最後のステップ3は、個人での振り返りを設けることです。振り返りをするまでに、様々な学習のリソースを得ているので、それを自分のなかで学習につなげてもらいます。具体的には、①事前に立てた目標と実際の経験を照らし合わせて考えてみること、②相互フィードバックのコメントをもとに自分の強みや弱みを認識すること、③結果（成功や失敗）の要因を見つけて次の行動目標を立てること、などをしてもらいます。ワークシートなどを準備してまとめてもらったり、その内容を共有してもらったりすることが効果的です。

振り返りをする際には、コルブの経験学習サイクルで示されているとおり、「良かった」「悪かった」といった結果だけに焦点をあてるのではなく、「何が成功・失敗の要因となっているのか？」を考

える必要があります（図表2-1（再掲）参照）。

　「うまくいってよかった」など、表面的な結果だけに一喜一憂していると、「次にどのような行動をしたらよいのか？」という視点が生まれません。振り返りは「評価」ではなく、「変えられる未来」のために、「学習・成長」を目的にして行います。「何が成果を生み出していたのか」「何が失敗の要因だったのか」を考えることが、次の効果的なリーダーシップ行動につながります。

　個人の振り返りでは、「自分と他者の認識のズレ」が生まれている要因についても検討することが必要です。そのズレを解消するためにはどのような行動が必要なのか、自分の強み・弱みはどのような点なのかを考えることが、自己理解につながり、効果的なリーダーシップ行動につながります。そして、それらを踏まえて、また新たなリーダーシップ目標を立てていきます。

図表2-1　コルブの経験学習モデル（再掲）

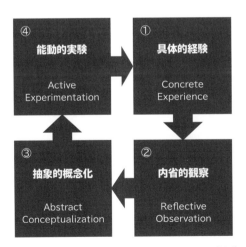

（Kolb, 1984より作図）

3-3. 本節のまとめ

　経験学習型リーダーシップ教育では、まずリーダーシップを発揮せざるを得ない環境を構築します。「新規で困難な課題」でありながら、「頑張れば届くような課題」をいかに設計するかがポイントです。

　そのうえで「経験を成長につなげるための仕組みづくり」を設計します。リーダーシップを発揮せざるを得ない状況というのは、意外と身近にあるものの、それらの経験を成長につなげるための仕組みというのはなかなかないのが現状ではないでしょうか。リーダーシップを発揮するための機会を新たにつくらなくても、「目標を立てる」「相互フィードバックをする」「個人の振り返りをする」という3つのステップを取り入れるだけで、リーダーシップの学習につながります。まずは身近なところで「経験を成長につなげるための仕組みづくり」を取り入れることで、リーダーシップ教育の実践を行うことができます。

注1　成長を促す「良質な経験」に関する研究（マッコール、金井らの研究）については、第2章
　　1-2のリーダーシップ開発の箇所を参照。

4 リーダーシップ教育の評価

4-1. 評価に関する研究の現状

　最後に、リーダーシップ教育の評価に関する研究について紹介します。リーダーシップ教育の実践を行った結果、どのような効果があったかを検証するのは重要です。しかし、リーダーシップ教育の評価手法については、まだまだ明確な手法が確立されていないというのが現状です。これまで行われている試みを整理し、今後の方向性について紹介します。

　リーダーシップ教育の効果を検証するための評価ツールについては、アメリカが研究的にも実践的にも先行しています。たとえば、クーゼスとポスナー(2013)のLPI(leadership Practices Inventory)やアボリオとバス(2004)のMLQ(Multifactor Leadership Questionnaire)などは、アメリカの大学におけるリーダーシップ教育の代表的な評価基準として知られています。しかし、これらは日本のリーダーシップ教育の評価をするうえでも参考にはなりますが、この指標をそのまま日本に適用することは難しいという側面もあります。

　その理由として、リーダーシップにおける文化的差異が挙げられます。リーダーシップ行動として何が重要であるかは文化によって異なるということが示されています（House, Hings, Javidan, Dorfan, & Gupta, 2004）。たとえば、第2章3-2で紹介したサーバント・リーダーシップという概念はキリスト教的な精神を反映しており、

そのような概念が注目されたのは部下を強い統率力で引っ張る変革型リーダーシップが支配的だったことが背景にあります。このように、効果的なリーダーシップ行動は文化によって影響を受けます。しかし、現在日本国内では、日米の文化差などを考慮したリーダーシップ行動に関する尺度の開発は進んでおらず、今後の研究が求められている状況があります。

　企業におけるリーダーシップ教育の評価については、伝統的なPM理論（三隅, 1966）をもとにした尺度（三隅 1984, 1987）やバス（1985）などの尺度が多く用いられます。これらを活用することは有効です。しかし、これらの尺度は、企業内での上司と部下の関係を想定していたり、雇用や賃金に関する設問が設けられたりしています。そのため、教育機関で上司と部下の関係にないフラットな立場でのリーダーシップ教育や、近年企業で行われているような「初期キャリア」でのリーダーシップ開発の評価をするためには、そのまま尺度を活用するのが難しいという現状があります。

4-2. 経験学習型リーダーシップ行動尺度

　このように日本のリーダーシップ教育の評価に関する尺度がないという問題点から、筆者らのグループは「経験学習型リーダーシップ行動尺度」を開発しました（木村・舘野・松井・中原, 2019）。この尺度は、先ほど示した先行研究の尺度を参考にしながら、日本のリーダーシップ教育の文脈にあわせて開発したものです。主に、教育機関での経験学習型リーダーシップ教育を念頭に置き、リーダーシップ行動の評価が行えることを目的に開発しました。この尺度は以下の6つの因子から構成されます。

■経験学習型行動尺度の6つの因子

「率先垂範」	：自ら率先して他者の模範となるような行動
「挑戦」	：自分自身の成長のために挑戦をするような行動
「目標共有」	：グループメンバーに目標を共有するような行動
「目標管理」	：目標の進捗を管理するような行動
「成果志向支援」	：チームの成果を高めるような行動
「対人志向支援」	：チームの関係性を高めるような行動

これらの6つはクーゼスとポスナー（2012）の5つの要素や、日向野（2015）の3つの要素と重なりつつも、これらにはない「目標管理」という、目標を立てるだけではなくその達成のために「気を配る」行動などが含まれています。こうした尺度を使うことで、日本のリーダーシップ教育の文脈にフィットした評価を行える可能性があります。

4-3. リーダーシップ教育の評価に関する実践

ここまでリーダーシップ教育の評価手法に関する研究について説明してきました。では、こうした既存の尺度などを活用せず、実際に自らの実践を評価する場合にできることはないのでしょうか。実践のなかで評価を行ううえで重要なのは、教育目標を明確化することです。

たとえば、舘野（2018b）は、大学生のリーダーシップ教育を行う際に、リーダーシップの最小3行動をもとに効果的なリーダーシップ行動を示した「リーダーシップレベル セルフチェックシート」

図表3-8　リーダーシップレベル　セルフチェックシート

リーダーシップレベル　セルフチェックシート

担当クラス（　　　　　）　名前（　　　　　）

あなたのリーダーシップレベルを自分で把握するためのチェックシートです。自分のリーダーシップレベルをはかって、更なるレベルアップに取り組みましょう。

あなたのBLPでの振る舞いについてお聞きします。グループで何かをするとき、あなたはグループの中でどのように振る舞っていますか。以下の1～22のリーダーシップ行動について、あなたの振る舞いがどのレベルにあてはまるのかを判断し、あてはまる数字に○をつけてください。根拠を右側の空欄に示しながらどのレベルを判断してください。

※その際、具体的な振る舞いを思い返し、あなたのグループでの振る舞いをどのように判断したのか、そのように判断した根拠をお書きください。

3要素	リーダーシップ行動	具体的な行動	レベル1 そのような行動をしていない	レベル2 行動しているつもりだ	レベル3 行動している	レベル4 高いレベルで行動しているが、周囲にあまり影響を与えていない	レベル5 高いレベルで行動し、周囲に良い影響を与えている	レベル6 高いレベルで行動し、周囲に良い影響を与えており、周囲もかなり良い影響を与えている	そのように判断した根拠をお書きください
個の確立	1 新しさを求める	新しいアイデアを提案する／他の班には考えつかない、斬新なプランをつくろうとする／グループワークの進め方を、自分たちなりに工夫する／新しいやり方をグループワークに取り入れようとする	1	2	3	4	5	6	
	2 自分自身が成長しようとする	自分自身の経営学に関する知識を高めようとする／連携企業やその業界について調べ、知識を高めようとする／PowerPointなどの操作スキルを高めようとする／プレゼンテーションスキルを高めようとする／自分自身のリーダーシップを高めようとして行動する／授業時間以外でも、リーダーシップを意識して行動する	1	2	3	4	5	6	
	3 挑戦する	高い目標（レベル）に挑戦しようとする／困難があっても逃げない／失敗の可能性があっても行動する	1	2	3	4	5	6	

率先のレベル　垂範のレベル

を開発して、実践で使用しています。このチェックシートは、「やる気を引き出す」など、22の項目について、自分がどの程度、率先垂範しているのかを6段階で評価できるようになっています（**図表3-8参照**）。これを「事前」「中間」「事後」にチェックすることで、実践者は教育効果が検証でき、学生は自分の学習の進捗状況を理解することができます。

　このチェックシートは学生同士の「相互フィードバック」にも活用されます。同じグループのメンバーが、22の項目について匿名で評定をつけます。それにより、「自分がつけた評定」と「他者がつけた評定の平均値」の差を可視化することができます。これにより、学習者は自己評価と他者評価のズレについて理解することができます。

　こうした評価のあり方は、リーダーシップ教育の実践者にとって「実践が効果的だったか」を検証するだけではなく、学習者自身が「自らのリーダーシップ行動」を振り返るためにも有効です。実践者、学習者ともに効果のある評価方法を模索することは、実践をするうえで重要な視点となります。

　リーダーシップ教育の実践を評価するために、事前に「教育目標」を明確化して、「具体的にどのような状態が望ましいのか」のイメージをすり合わせておくことが大切です。これらをリスト化してチェックシート化するだけでも、評価の第一歩になります。そのうえで、評価の目的を整理し、実践者による「実践の評価」、学習者にとっての「学習プロセスの可視化」の双方につながるために、具体的にどのような形式で評価をするのかを検討することが大切になります。

4-4. 評価における今後の課題

　本節ではリーダーシップ教育における評価について説明しました。リーダーシップ教育の評価はまだ実践的にも研究的にもはじまったばかりといえます。本節で、筆者らの研究グループが開発した尺度を紹介しましたが、今後の課題もあります。

　まずこうした尺度による評価は、あくまで自己評価であるという点です。「リーダーシップ行動をとっていると学生が認識しているか」を測定しているのであり、「実際に学生がリーダーシップ行動をとったのか」を測定しているものでありません。他者の観察による評価など、様々な評価手法と関連づけていくことが今後の研究・実践において重要です。

　また、評価のタイミングの問題もあります。たとえば、教育機関で行われたリーダーシップ教育については、その成果として、入社後の行動とどのような影響があるのかなども大きな関心事項になります。授業内や授業直後だけではなく、実際にそれらが他の場所で実践されているかを検討することは重要な課題です。教育機関で行われるリーダーシップ教育においては「学校と社会のトランジション」といった視点での評価も今後重要になることが予想されます。

　しかし、前提として、まだまだ国内においてはリーダーシップ教育の実践そのものがはじまったばかりです。今後実践が広がり、評価の試みが増えてくることで、日本におけるリーダーシップ教育の評価に関する知見が蓄積されていくと考えられます。リーダーシップ教育の効果検証は、まだまだこれから発展の余地のある領域ということができるでしょう。

5 本章のまとめ

　本章では、リーダーシップ教育の実践について説明してきました。リーダーシップ教育が求められる背景には、企業の環境変化によるリーダーシップ教育の「早期化・対象の拡大」という2つが要因として考えられます。これにより、企業内にとどまらず、教育機関も含めた、より早い段階で、より多くの人たちにリーダーシップ教育を実施する必要性が高まっています。

　リーダーシップ教育は、（1）リーダーシップは権限や役職に限らず誰でも発揮できること、（2）リーダーシップは学習可能であること、という2つの前提に立ち、個人の能力・資質・行動の向上を目的とした実践です。本章では「リーダーシップの基礎理解」「自己理解」「倫理性・市民性」「専門知識・スキル」という4つの要素を高めることが、効果的なリーダーシップ行動につながることを説明しました。

　リーダーシップ教育の具体的な方法は、大きく「知識・スキル型」と「経験学習型」の2つに分かれ、近年では特に経験学習型リーダーシップ教育が注目されています。経験学習型のリーダーシップ教育を設計する際には、「リーダーシップを発揮する環境づくり（経験の場のデザイン）」と「経験を成長につなげるための仕組みづくり（内省）」がキーとなります。どのように「経験」と「内省」の場面を設計するかについては、今後更に詳細な指針を示していく必要があると考えます。

リーダーシップ教育の評価については、現在国内で明確な成果指標があるとは言い難い現状があります。しかし、木村ら（2019）の研究など、少しずつ新たな研究が生まれてきている状況です。今後はそれらの研究をもとに、授業や研修で使用しやすい評価ツールの開発や、他己評価を取り入れたツールなどが開発されていく可能性があるでしょう。

　リーダーシップ教育の研究・実践はまだまだ新しい領域です。しかし、今後、企業、そして教育機関の双方で実践が拡大していくことが予想される領域でもあります。これらの実践の拡大とともに、リーダーシップ教育のデザインおよび評価に関する研究知見も蓄積されていくと考えられます。実践、研究ともに大きな可能性のある領域ですので、まずは身近なところでリーダーシップ教育を実践してみてください。

引用文献

Avolio, B. J. & Bass, B. M.（2004）. *Multifactor Leadership Questionnaire. Manual and sampler set.*（3rd ed.）Mind Garden, Redwood City, CA.

Bass, B. M.（1985）*Leadership and performance beyond expectations.* New York: Free Press.

Day, D. V.（2001）"Leadership development: A review in context" *The Leadership Quarterly,* Vol.11, No.4, pp.211-223.

Day, D. V., Harrison, M.M. & Halpin, S.M.（2009）*An integrative theory of leadership development: connecting adult development, identity, and expertise.* Psychology press.

Eurich, T.（2017）*Insight: Why we're not as self-aware as we think, and how seeing ourselves clearly helps us succeed at work and in life.* Crown Books.

Greenleaf, R. K.（1977）*Servant leadership: A Journey into the Nature of Legitimate Power and Greatness.* New York: Paulist Press.

House, R. J., Hanges, P.J., Javidan, M., Dorfman, P. W. & Gupta, V.（2004）*Culture, leadership, and organizations: The GLOBE study of 62 societies.* Sage, Thousand Oaks, CA.

日向野幹也(2015)「新しいリーダーシップ教育とディープ・アクティブ・ラーニング」松下佳代・京都大学高等教育研究開発推進センター（編）『ディープ・アクティブラーニング：大学授業を深化させるために』, 勁草書房, pp.241-260.

石川淳（2018)「リーダーシップ研究の最前線」舘野泰一・高橋俊之（編）『リーダーシップ教育のフロンティア【研究編】: 高校生・大学生・社会人を成長させる「全員発揮のリーダーシップ」』北大路書房, pp.53-79.

泉谷道子・安野舞子(2015)「大学におけるリーダーシップ・プログラムの開発に関する考察: 米国の事例を手がかりに」,『大学教育研究ジャーナル』, 第12巻, pp.38-47.

金井壽宏・守島基宏（2009)「漸成説からみた早期よりのリーダーシップ発達: 教育・人事制度への含意」,『組織科学』, 第43巻, pp.51-64.

木村充・舘野泰一・松井彩子・中原淳(2019)「大学の経験学習型リーダーシップ教育における学生のリーダーシップ行動尺度の開発と信頼性および妥当性の検討」,『日本教育工学会論文誌』, 第43巻, 第2号, pp.105-115.

Komives, S. R., Lucas, N. & McMahon, T. R.(2013)*Exploring Leadership*（日向野幹也監訳・泉谷道子・丸山智子・安野舞子訳, 2017,『リーダーシップの探究 変化をもたらす理論と実践』早稲田大学出版部）

Kouzes, J. M. & Posner, B.（1988）*Leadership Challenge.* San Francisco, CA: Jossey-Bass.

Kouzes, J. & Posner, B.（2013）*LPI: leadership practices inventory*（4th ed.）. Wiley, San Francisco, CA.

三隅二不二（1966)『新しいリーダーシップ—集団指導の行動科学』ダイヤモンド社.

三隅二不二（1984)『リーダーシップ行動の科学 改訂版』有斐閣.

三隅二不二（1987)「トップマネジメントリーダーシップのPMスケール作成とその妥当性の研究」,『組織科学』, 第20巻, pp91-104.

森永雄太(2012)「階層型組織におけるリーダーシップ開発に対するセルフリーダーシップ論の貢献」,『立教ビジネスレビュー』, 第5巻, pp.9-17.

中原淳（2018)「企業におけるリーダーシップ開発研修の効果」舘野泰一・高橋俊之（編）『リーダーシップ教育のフロンティア【研究編】: 高校生・大学生・社会人を成長させる「全員発揮のリーダーシップ」』北大路書房, pp.53-79.

舘野泰一（2018a)「リーダーシップ教育の理論と設計」舘野泰一・高橋俊之（編）『リーダーシップ教育のフロンティア【研究編】: 高校生・大学生・社会人を成長させる「全員発揮のリー

ダーシップ』北大路書房, pp.53-79.
舘野泰一（2018b）「大学におけるリーダーシップ教育の事例」舘野泰一・高橋俊之（編）『リーダーシップ教育のフロンティア【研究編】: 高校生・大学生・社会人を成長させる「全員発揮のリーダーシップ』北大路書房, pp.82-112.
東京都教育庁指導部高等学校教育指導課（2016）『人間と社会』アライ印刷.
Yukl, G.（2013）*Leadership in organizations global edition*. Pearson Education Limited.

第 **4** 章

事例紹介

　前章では、企業・大学においてリーダーシップ開発およびリーダーシップ教育が求められる背景、教育実践のための具体的方法、教育評価の方法を見てきました。

　第4章では、企業・大学・個人のリーダーシップ教育、実践の事例を紹介します。企業での教育事例としては、IBM、ジュピターショップチャンネルの2社、大学での教育事例としては立教大学、個人のリーダーシップ発揮事例としては、クレディセゾンの志賀正樹さんにご登場いただきます。

　いずれもリーダーシップへの取り組みとして先端の内容といっていいでしょう。取り組みの背景は様々ですが、どの事例からも、リーダーシップは全ての人に関わることだということがわかります。ここまでに学んだ理論および実践・評価の方法を思い出しながら読み進めていきましょう。

CASE

1 IBM

ダイバーシティ＆インクルージョンを礎とした全階層へのリーダーシップ教育

IBMは、19世紀にパンチカードによるデータ処理機器の開発からスタートし、100年以上にわたり情報処理の分野で業界をリードしてきた企業です。ビジネス領域は、大型の汎用コンピューターからパーソナルコンピューターへ、そして現在では、IoTやAI技術へと拡大しています。IBMではビジネス領域だけではなく、リーダーシップ教育を含む様々な人事施策も時代に先行してきました。人に関する施策において、同社において一貫して礎にあるのは「ダイバーシティ＆インクルージョン」の考え方です。

●創業当時から多様性を活かした全社員の活躍を意識

IBMのダイバーシティ推進活動のはじまり

IBMの人づくり、そしてリーダーづくりの歩みは、ダイバーシティ＆インクルージョン（以下D＆I）という考え方とともにあります。ダイバーシティとは、「人のもつ属性が幅広く存在すること」、そして、インクルージョンとは、「誰もが自分の個性や強みを最大限に発揮し、自分らしく組織に参画していると感じられること」を意味します。日本でD＆Iが話題にされるようになったのは2000年

前後からですが、IBMでは、このD＆I、つまり、多様性を最大限に活かし、全ての人が自分らしく組織に参画する、ということが創業当時から意識されていました。

　たとえば、創業時から、有色人種や女性の採用を積極的に推進していたこともその表れです。19世紀〜20世紀初頭のアメリカというと、まだまだ人種差別が根強く残り、男女の雇用に関しても不平等が大きかった時代です。IBMのアプローチは当時ではとてもめずらしいものだったことでしょう。世の中で公民権運動が盛んに行われていた真っ只中の1953年には、会社としてのポリシーレターに、「人材の登用において、人種や性差による差別は行わないこと」を明文化しています。そんな時代からD＆Iを経営戦略の柱としていた理由は、優秀な人材を集めて、競合他社との優位性を保つという考えからです。

　こうした企業文化は、今日まで途切れることなく継続しています。1990年代にIBMが経営危機に陥ったとき、CEOのルイス・ガースナーは多くの施策を打ち出しましたが、「多様性こそがIBMを赤字から救う」ことを改めて強く打ち出しました。

　2019年現在は、ハチのマークをシンボルにしたBe Equal Campaignという活動を世界に向けて展開・発信しています。このキャンペーンのシンボルは、ハチを意味する「Bee」と「Be」をかけ合わせ、「Equal」を意味する記号「＝」をハチのお腹の縞模様に見立てた

図表4-1　IBM's Be Equal Campaignのシンボルマーク

マークです（**図表4-1参照**）。「Be Equal」つまり「誰もが平等に活躍できる職場環境」を目指しています。こうした環境を世界中に広げていくことはIBM一社だけでは実現できません。そこで、会社の境界を越えて、世界中の人々に発信し、世界中の人々と一緒になって活動を推進しています。

全ての人材のリーダーシップ発揮に向け
日本法人では、女性リーダーのプールづくりから着手

　誰もが平等に活躍できる職場環境を大切にする考え方は、日本IBMでも受け継がれています。日本IBMでは、まずは女性リーダーのプール（候補者）づくりから着手しました（**図表4-2参照**）。日本では、男女雇用機会均等法が1986年に施行されましたが、日本IBMでは、それより前の1960年代から、四年制大学を卒業した女性の採用をはじめていました。当時は男女で定年も違う時代でしたが、いち早く女性社員の定年を60歳に引き上げ、子育て中の女性を支援する育児早退制度もつくりました。この育児早退制度は、1980年代に入ってからは育児休業制度として整備されます。女性を採用するだけではなく、長く働き続けることができ、男性と同様に活躍できる環境の整備に取り組んでいったのです。

　1980年代になると、営業職の女性職員の採用をはじめ、1990年代にはプロフェッショナル制度をスタートしました。これは、総合職で採用してジョブローテーションを繰り返しながらキャリアを積み重ねていくこととは異なり、営業なら営業、エンジニアならエンジニアというように、スキルを明確に定義してそれぞれの職種で経験を積みスキルを高めていくという制度です。

　2000年代に入ると、短時間勤務制度やフリーアドレスの強化に代表されるように、時間や場所にとらわれない働き方ができる制度の導入を推進しました。今でいう働き方改革です。日本IBMでは、誰

もが平等に活躍できる職場を創業当時から標榜していたことから、2000年代初頭の段階で、既にこうした制度や施策も取り入れていました。

●女性リーダーを育成する仕組み

1998年には女性リーダー育成を更に後押しするために Japan Women's Councilを発足

　誰もが平等に活躍できる環境整備と合わせて、その延長としてリーダーを育成するための具体的な仕組みも構築されました。上述のように、IBMでは時代を先取りしたD＆I施策が進められていますが、女性に目を向けると、当時の日本法人の女性社員比率は13%、管理職に至っては1.8%にすぎず、女性役員も一人だけで、IBMのグローバル拠点と比較してみると、最下位という状況でした。そこで、1998年に「Japan Women's Council（以下JWC）」を発足し、まずは、女性活躍推進や女性リーダーづくりに向けた様々な制度や取り組みをはじめました。

　まず、育児や介護の負担を抱えている女性社員のニーズを踏まえ、働き方に合わせてオフィス環境も変えていくという発想のもと、時間や場所に制約されないリモートワークやフリーアドレスの導入を進めました。これも、JWCが後押ししたものです。

　また、上述のように女性リーダーの数は男性リーダーの数に比べると少なく、女性が目標とできるロールモデルや相談できる相手を探すことが男性より難しかったことから、女性技術者・研究者による「COSMOS」というコミュニティも立ち上げました。ここでは、技術職のトップである技術理事を目指した女性技術者の育成や女性の理系人材の発掘・育成のための活動が行われています。同様に、

図表4-2　女性活躍のフェーズ

phase1 Wake-up	phase2 ワークスタイル変革
1998 > 2000	2001 > 2007

取り組み目標

・現状把握 ・目標設定 ・真の退職理由の調査 ・女性フォーラム開催 ・育児と仕事の両立策の検討	・女性管理職の支援と育成 ・男性管理職への支援 ・ロールモデル提示 ・ワーク／ライフセミナー実施

成果

・入社5年の定着率向上 ・女性採用比率の増加 ・在宅勤務制度の導入 ・メンタリング導入 ・JWCを発足	・時短勤務制度導入 ・フリーアドレス強化 ・女性管理職比率の向上 ・COSMOSスタート ・FFFスタート

phase3

キャリア別
アプローチ

2008>2013

phase4

社内外の
ネットワーク強化

2014>

・女性幹部の育成
・営業職女性の定着率向上に
　向けた取り組み開始
・パイプライン強化
・グローバルプログラムへの
　積極的な参加

・女性幹部育成プログラム
　開発
・各部門での女性ネットワーク
　活性化支援（営業事務、
　財務、サービスなど）
・グローバルNPOと協業

・完全在宅勤務導入
・女性採用比率の増加
・フレックス短時間導入
・厚生労働大臣最優秀賞
・日経ウーマン「女性が活躍
　できる会社BEST100」
　3年連続1位

・スポンサーシップ
　プログラム
・女性幹部数増加
・お客様7社と営業職女性育成
　「新世代エイジョカレッジ」
　スタート
・筑波大学、産総研と女性
　研究者育成事業スタート

女性ファイナンス職による「FFF」というコミュニティも立ち上がっています。職種ごとに抱える悩みや課題は異なるので、それぞれのコミュニティで事情をよく知るメンバーで、情報交換がなされています。

「女性が活躍できる会社BEST 100」で1位に

こうした一連の複合的な取り組みの成果として、2008年に日経WOMANの「女性が活躍できる会社BEST 100」というアワードで1位を獲得しました。同アワードは、この年から3年連続で1位となりますが、女性が働き続けながら、継続してキャリアアップしていける会社として、周囲から認められた結果だと考えています。

●全ての人材にリーダーシップを期待し 全階層に向けて教育を実施

階層別のリーダーシップ教育

JWCをはじめとする、カウンシルやコミュニティで行われている取り組みは、メンバーが自発的にリーダーシップを発揮しながら、ボトムアップで行われてきました。一方で、会社として将来のリーダー候補を見つけて育成していこうという、トップダウンの人事施策も重視しています。

たとえば、部長級を対象とした1年間のプログラムでは、エグゼクティブの一歩もしくは二歩手前くらいの役員候補（男女）の育成を行うものです。女性については、現在でこそ、役員クラスの女性社員が増えてきてはいるものの、意識的な後押しがまだ必要と考え、女性に絞った1年間の管理職育成プログラムを2019年にスタートしました。更に、女性エグゼクティブを増やすための施策として、女

性が上位層に相談できるスポンサーシッププログラムも2013年から
はじめています。

　このように、男女共通で役職登用前の社員を含めた各階層で学べ
るリーダーシップ・プログラムを用意し、女性への後押しが必要な
部分については女性に特化した施策を取り入れるようにしています。

「アンコンシャス・バイアス」への対応

　世界のIBMで、特に管理職に重視されている点は、やはり多様性
を活かすという点です。そのため、管理職向けのプログラムのなか
では、無意識の偏見、いわゆるアンコンシャス・バイアスに関する
講義などもされています。人種やLGBTなどのセクシャル・マイノ
リティに対し、無意識に自分は相手を不快にさせる行動をとってい
ないか、といったことを考える機会がIBMでは数多く設けられてい
ます。日常場面においては、たとえば、エグゼクティブの昇進試験
において、日本人の女性の審査員と白人男性の審査員がいたとして、
試験を受けている人が、白人男性のほうばかりを見て話す、という
ようなことがあれば、すぐにフィードバックがなされます。Ｄ＆Ｉ
の意識は、手を緩めるとすぐに元に戻ってしまうため、継続的に多
方面での取り組みが必要なのです。全社員がそうした意識をもつこ
とが重要ですが、影響力の大きい管理職は特にそうした意識が必要
といえるでしょう。

「リーダーがリーダーを育成する」

　IBMには、「Leader's develop leaders」、つまり「リーダーがリ
ーダーを育成する」という考え方があります。そのため、新しく事
業部長になった人がいたら、その人は就任と同時に「次に自分の後
継者となるリーダーを育成する」というミッションを負うのです。
そのため、人材のプロファイルを作成し、データベースで管理して

第4章

事例紹介

223

年次サイクルで見直しをかけるといった取り組みも行われています。

●リーダーシップは全員に求められるもの
　その前提としてのキャリア自律

リーダーシップがなくては仕事が完結しない

　今日のIBMには、一人あるいは1つの部門で完結する仕事はありません。かつてのように形のある商材を売るのではなく、サービスやソリューションの提供へとビジネスモデルが移行したからです。また、世の中の変化スピードも非常に早くなっているため、そうした変化に対応していくためには多様な人材での協働が欠かせなくなっています。たとえば営業の人ならば、営業職だけではなく技術職の社員やコンサルタントが何人も入って複雑な顧客の課題を解決しています。だからこそ、IBMでは、ポジションに関係なく、今は全員にリーダーシップが必要だと考えています。

　日本法人の山口社長は、社員にメッセージを発信する際、「枠を越えて」あるいは「コ・クリエーション」というフレーズをよく使います。それは、複雑なサービス構造のなかでビジネスを成功させるためには、部署の垣根を越えて、あるいは顧客や競合他社をも越えた連携が求められているからです。

　IBMにおけるリーダーシップとは、周囲を巻き込みながら枠を越えて連携を築き、実績を上げていくことです。また、JWCをはじめとするカウンシルやコミュニティのメンバーたちは、会社からの指示ではなく、当事者として、現状をより良くしていくために、自ら考え、分析して提言・実践に移しています。自らが当事者となり周囲に働きかけながら活動を推進していく、こうした自律性もリーダーシップには欠かせないベースとなっているといえるでしょう。

CASE 2 ジュピターショップチャンネル

階層別の養成研修で早期から経営幹部候補の育成を目指す

> 国内最大規模のショッピング専門チャンネル「ショップチャンネル」を運営するジュピターショップチャンネルは、2020年時点で創業24年という若い会社です。お茶の間にもおなじみの同社は、これまで右肩上がりの成長を続けてきました。近年は様々な経営課題を解決するために、早期から次世代の経営幹部候補を育成することを目指し、階層別の養成研修を実施しています。

●次世代の経営幹部育成を見据えた取り組みを重視

３つの階層へのアプローチ

ジュピターショップチャンネルの教育体系では、会社として提供する階層別研修、組織開発研修、テーマ別研修のほか、社員が自律的にスキルアップを目指せるよう、様々な研修を受けることができる仕組みが用意されています。そうしたなかで特徴的といえるのは、次世代の経営幹部養成を意図した取り組みに力が入れられていることです。経営幹部養成のための取り組みは、階層ごとにベーシック、

アドバンス、エグゼクティブに分かれていますが、それぞれがどのような意図で実施されているのかをまずご紹介します。なお、ジュピターショップチャンネルの社員数は約1,000名です。

自社スタジオを保有。番組ごとにセットを切り替えて休みなく進行します。

①ベーシックコース

　まずは、ベーシックコースと呼ばれる「次世代リーダー養成研修」です。対象年齢層は、25歳から35歳くらいまでの若手・中堅層で、高い見識と広い視野を備え、気配り・目配り・心配りという「3つの配り」ができるバランス感覚を備えたリーダーの育成を目標としています。この研修では、「創造的思考力ワークショップ」を通じて、たとえば「どのような顧客をターゲットに、どのようなサービスを提供するか」といったアイデアをたくさん出しながら、ショップチャンネルの未来を考え、ビジネスリーダーとしての自覚を促す内容となっています。

②アドバンスコース

　35歳から40歳くらいまでの次代の管理職候補に対して行われているのは、アドバンスコースと呼ばれる「次世代マネジメント養成研

修」です。この階層では、インフォーマルなリーダーシップ、つまり管理職という役職には就いていない立場であっても自らリーダーシップを発揮していく、ということをねらいとした研修を実施しています。また、日々業務をしながら意識的に課題を発見していくことの大切さを身につけてもらうため、課題解決力ワークショップを合わせて行っています。アドバンスコースでは、2つの目標を掲げています。それは、高度な専門性あるいは「組織マネジメントを発揮して業務プロセス全体の質や生産性を向上させる動きをリードする人材」そして、「特定領域の課題を明確にして課題解決のための施策を策定し、実行をリードする人材」の両者を育成することです。つまり、組織マネジメント力を発揮する人材と高度な専門性を発揮する人材の両者を育成することをねらいとしています。

　この階層の対象者は、現場で一番力を発揮するポジションともいえるので、日々の業務に追われるだけではなく、視野を広くもって課題に気づいてほしいという意図が込められています。

③エグゼクティブコース

　そして、40歳から50歳くらいまでの部長候補である、統轄・グループ長向けに行われているのがエグゼクティブコースの「経営幹部養成研修」です。ここでは、従来の経験や社内の枠組みにとらわれず、事業や機能をより高いレベルに飛躍させる働きをリードする人材の育成を目標にしています。リーダーとしてのぶれない軸、経営観や哲学に基づく「人間力」を高めるためのプログラムを、少人数で半年間にわたり実施します。その後更にテクニカルスキル、コンセプチュアルスキルを習得するための研修を実施しています。

メンバーの選定方法と人数

　ベーシックコースとアドバンスコースは、自己推薦と部長推薦で

希望者を募り、エグゼクティブコースは、アセスメントを実施し、人事部で参加者を決定しています。定員はそれぞれ、ベーシック15名、アドバンス15名、エグゼクティブ10名と、少人数で実施しています。

この3つのコースは2018年からはじまり、過去2回ずつ実施していますが、ベーシックとアドバンスについては、毎回多くの社員から積極的な参加希望の手が挙がっています。人事部では、希望者の職場の上司とも相談しながら、受講者を決定しています。

トップへの提言が実現

直近で行われたエグゼクティブコースにおいては、メンバーが研修を通じ経営課題を抽出しました。その後、自主的に集い議論を重ね、解決へ向けた具体的な提案を作成し、経営陣に向けて「イノベーションが喚起される組織をつくるための提案」を行いました。

●経営幹部養成研修を取り入れた背景

ジュピターショップチャンネルは、2020年で創業24年という比較的若い会社です。創業以来、順調に業績を伸ばし、会社の規模も拡大していきましたが、近年になって、様々な経営課題が表出しています。そうした課題を解決していくためにも、経営幹部養成の必要性が高まりました。

スペシャリストが多くを占める人員構成

約1,000名の社員のうち、キャリア採用で入社してきた社員が8割を超えています。それぞれの分野で活躍してきたスペシャリストではありますが、将来、経営幹部となっていくことを見据え、早い段階から経営層に必要な視点・視野・スキルを身につける必要があ

ると考え、計画的に取り組みをはじめました。

リーダーシップの必要性

　ジュピターショップチャンネルのビジネスは、商品の仕入れから
はじまり、番組制作、注文受付、配送手配、販売後のお客様対応ま
でを自社で一貫管理しています。つまり自部署だけで完結する業務
はなく、どの階層に属する社員であっても、個人が自律的にリーダ
ーシップを発揮していく必要があります。特に、周囲を巻き込む力
は、年齢や経験に関係なく、全ての職場で求められるものです。

「横の連携」を深める

　新卒採用の社員であれば、いわば同期同士のつながりによって、
他部署の仕事や会社全体の様子を知る機会が多いものですが、キャ
リア採用の社員はスペシャリストとして入社していることもあり、
異動経験のないケースもあります。そのような社員に対しては、入
社オリエンテーションという研修を通じて会社を理解してもらう機
会をつくっています。これは、単に会社の業務を覚えてもらうため
だけではなく、研修という場を利用し他部署のメンバーと接する機
会を増やすことによって、組織の垣根を越えた横のつながりをもっ
てもらいたいという意図もあるのです。

●経営幹部養成を通じて得られたもの

各階層で研修効果を実感

　それぞれの研修による効果も出はじめています。ジュピターショ
ップチャンネルでは人材要件定義（会社が求める人材像）の１つに、
「新しいチャレンジ」があります。ベーシックコースでは、まずこ

のマインドをもとに創造的思考を磨きます。

　アドバンスコースではインフォーマルなリーダーシップを発揮して周囲を巻き込み、日々の業務に忙殺されながらも課題を発見し、その解決に向けた行動力が発揮されています。

　また、エグゼクティブコースでは、自身の何気ない行動が与える影響力に気づき、自身の行動を省みる機会となり、参加者の部下や周囲の社員からは、日頃の言動がポジティブになり、接し方に変化が見られたという反応なども得られています。

　研修では部署の垣根を越え協力して取り組むため、同じ悩みをもつ仲間と本音で話す機会が増えました。回を重ねるごとに横とのつながりも深まっています。悩みごとの相談だけではなく、お互いに

図表4-3　次世代経営幹部養成コースの構成

対象	コース
45－50歳 統轄・グループ長	**部門長** エグゼクティブコース （経営幹部養成）
35－40歳 管理職予備軍	**マネジメント** アドバンスコース （次世代マネジメント養成）
25－35歳 若手・中堅	**ビジネスリーダー** ベーシックコース （次世代リーダー養成）

刺激し合いながら将来の抱負を積極的に語り合える雰囲気も醸成されてきています。

リーダーシップのあり方は人それぞれで違っていい

リーダーシップは、マネジメントとして必要なリーダーシップ、役職に関わらず発揮するリーダーシップ、また担当者として業務遂行に際し周囲を巻き込みながら発揮するリーダーシップなどがあると考えています。それぞれの個性を活かしたスタイルを研修や経験を通じ、自分なりに整理をし「自分らしさ」を追及したリーダーシップを発揮してもらうことこそが、ジュピターショップチャンネルの人づくりの考え方の根幹なのです。

目指すゴールおよびイメージ	プログラム内容と 必要なスキル
従来の経験や社内の枠組みにとらわれず、事業や機能をより高いレベルに飛躍させる働きをリードする人材	●人間力 ●テクニカルスキル ●コンセプチュアルスキル
組織マネジメントを発揮して業務プロセス全体の質や生産性を向上させる動きをリードする人材	●インフォーマル・リーダーシップ ●課題解決ワークショップ
特定領域の課題を明確にして課題解決のための施策を策定し、実行をリードする人材	
高い見識と広い視野を備え、気配り・目配り・心配り（3つの配り）ができるバランス感覚を備えたリーダーの育成	●創造的思考 ワークショップ

CASE 3

立教大学経営学部

BLP（Business Leadership Program）

「自分らしさを活かした
全員発揮のリーダーシップ」を育成する

　立教大学経営学部BLPは日本国内でいち早くリーダーシップ教育を導入し、学部単位で大規模に授業を展開しています。2006年の経営学部開設とともにBLPは設置され、経営学部経営学科のコアカリキュラムとなっています。

　開講当時は「リーダーシップ教育」という言葉は一般的にも聞き慣れない言葉でしたが、現在では「このプログラムを受講したいので、立教大学経営学部を選んだ」といって入学する学生も見られるようになってきました。

　リーダーシップ教育を約400名の学生に実施するという試みは非常にチャレンジングで、立ち上げ当初から試行錯誤が続きました。その中で取り組みを続けることで、①文部科学省の教育GP（2008〜2010）において「特に優れた波及効果が見込まれる取り組み」に認定、②教育再生実行会議の第7次提言（2015年5月14日）で大学におけるアクティブ・ラーニングの先進事例として唯一紹介される、というように少しずつ外部からも評価されるようになってきました。

●自分らしさを活かした全員発揮のリーダーシップ

　BLPが目指すリーダーシップの特徴は「自分らしさを活かした全員発揮のリーダーシップ」です。リーダーシップ教育というと、「一部のトップリーダーの育成」をイメージされる方も多いと思います。しかし、BLPの目指すリーダーシップは「権限や役職に関係なく、自分らしいリーダーシップを発揮できるようになること」を教育目標としています。

　大学に入学してきた学生は、最初にこの話を聞くと「本当にそうか？」「自分にもできるのだろうか？」と感じますが、プログラムを受講するうちに、リーダーシップに対するイメージが徐々に変化していきます。

　BLPのプログラムは入学直後の1年生からはじまります（**図表4-4参照**）。入学して最初に体験するBL0（リーダーシップ入門）から、BL4まで7科目開設されています。BLPの授業は大きく「プロジェクトの実行」（経験学習型）と「スキル強化」（知識・スキル型）の2つに分かれ、それぞれを春学期・秋学期に実施しています。

　「プロジェクト実行」（経験学習型）では、産学連携によるプロジェクト型学習を行います。BLPの特徴は、最初に経験学習型を体験するという点です。経験を通して、リーダーシップを発揮するイメージを具体的にし、足りない知識やスキルを認識する設計になっています。

　学生は、新学期開講直前にある「ウェルカムキャンプ」でこの体験をします（**図表4-5参照**）。ウェルカムキャンプは、経営学部の全新入生を対象に行う1泊2日のイベントです。このキャンプでは、①経営学部での学び方を体験し、②つながりの輪を広げ、③自分の強みを見つけるきっかけとすることで、大学生活への期待を高めることにあります。

この1日目がBL0の圧縮版のプログラムになっています。この
プログラムには、第3章でも紹介したリーダーシップ教育における
2つの要素が含まれています。

1. リーダーシップを発揮する環境づくり（経験の場のデザイン）
2. 経験を成長につなげるための仕組みづくり（内省）

学生は連携企業から提示された課題に対して、チームメンバーと
ともにプランを考え発表します。プランを考える前後には、①リー
ダーシップ目標を立てる、②相互フィードバックをする、③個人の
振り返りをする、という場が用意されています。このように、入学

図表4-4　BLPの全体像

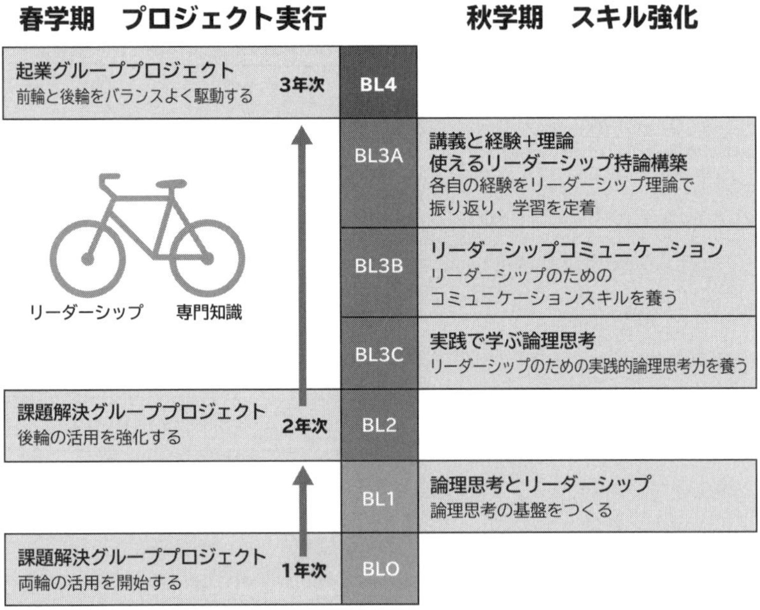

（『リーダーシップ教育のフロンティア〔研究編〕』北大路書房より転載）

前にリーダーシップ教育の全体像をつかむ経験をしてもらったうえ
で、実際の授業に入っていきます。次に、それぞれの授業の概要を
紹介します。

BL0（自動登録）

1年生の春学期に開講される授業で、産学連携型のプロジェクト
学習を行う授業です。2019年度は株式会社吉野家ホールディングス
様がクライアントとなり、問題解決のプロジェクトを行いました。
BL0は、BLPのなかで最も規模の大きい授業です。約400名の学生
が18クラスに分かれます。全90グループがビジネスコンテスト形式
でプランを競います。授業運営チームも最も規模が多く、約20名の
教職員、120名の学生スタッフで運営をしています。プロジェクト
の中間・最終で相互フィードバックや振り返りを行うことで、自分
らしいリーダーシップの発揮方法を理解することが目的です。

BL1（経営学科：自動登録　国際経営学科：選択科目）

BL1はスキル科目です。リーダーシップの発揮に活かせる「論理
思考」を学びます。授業では、人を動かすコミュニケーションや、
アイデアを出すための思考方法、良い意思決定の仕方などを学びま

図表4-5　ウェルカムキャンプの様子

す。国際経営学科の学生は選択科目になりますが、約9割の学生が受講しています。この授業の特徴は、論理思考を自分で学ぶだけでなく、「高校生に対して論理思考を教える教材をつくる」ことです。実際に高校生約350名に対して、大学生350名が授業をします。

BL2（経営学科：自動登録　国際経営学科：選択科目）

　2年生の春学期に行うBL2は再びビジネスプロジェクトに取り組みます。BL0で実践を経験し、BL1でスキルを学んだうえで、改めてリーダーシップを活かす腕試しの機会となります。2019年度はパーソル・ホールディングス様が連携してくださいました。BL2になると、取り組む課題のレベルも上がります。1年生で学んだ経験を活かし、もうワンランク上にレベルアップする機会となります。

BL3A、3B、3C、BL4（選択科目）

　2年時以降の科目としてBL3には3科目の知識・スキル系の科目があります。リーダーシップの理論について学ぶBL3A、リーダーシップを発揮するためのコミュニケーション力を磨くBL3B、BL1で学んだ論理思考をもう一段階進めるためのBL3Cという3つの講座があります。

　BL4は3年生以上を対象とする科目で、経営学部に限らず全学部生が履修可能なプロジェクト型学習です。多様なメンバーで連携企業の課題に取り組みます。また、社会とのブリッジを目的とし、より実践的な課題に取り組みます。

　このようにBLPでは「知識・スキル型」と「経験学習型」の2つのタイプの授業を、カリキュラムとして設計しています。

●BLPを支える運営チーム

　BLPは、教職員同士がリーダーシップを発揮しあうこと、そして、先輩の学生スタッフが積極的に授業運営に参加する点が大きな特徴です。特に学生スタッフは、プリントを配布するといった「作業補佐」ではなく、「学習を促進する役割」を担い、受講生にとって「リーダーシップを発揮するうえでのロールモデル」となっています。

　学生スタッフの役割は授業によって多少異なりますが、BL0では、SA（Student Assistant）、CA（Course Assistant）、メンターという3つの役職の学生が授業をサポートしています（**図表4-6参照**）。

　BL0では、2年生約360名の3分の1にあたる約120名が、学生スタッフとして1年生の授業に参加しています。学生スタッフの人気は高く、特にSAやCAについては毎年3倍程度の倍率があります。「なぜSAをやってみようと思ったのか？」を尋ねると、多くの学生が「自分の先輩SAへの憧れ」と回答します。受講生にとって、学生スタッフの存在はリーダーシップを発揮するうえでのロールモデルであり、「ああいう先輩になりたい」という憧れが、リーダーシップを学ぶための動機づけになります。

　BLPは、授業でリーダーシップ教育をするのはもちろんのこと、授業運営自体を、教職員・学生スタッフがリーダーシップを発揮す

図表4-6　学生スタッフの役割

	人数	主な役割
SA	18名（各クラスに1名）	自クラスの運営
CA	12名前後（2クラスに1名）	クラス間の情報流通、授業の写真撮影
メンター	90名（1グループに1名）	グループの補助、コーチング

る実践の場と捉えています。運営チーム一人ひとりがリーダーシップを発揮することが、結果としてより良い授業をつくることにつながります。

　「授業づくり」と、運営チームの「組織づくり」の両輪をまわすことは、リーダーシップを「学習する機会」と「実践する機会」の両方を提供することにもつながります。その2つが揃うことで、リーダーシップを学ぶことが単なる目標ではなく、意義のある実践として行われるようになります。

　こうした教職員・学生スタッフ同士の協働によって、BLPのプログラムは、日々改良を続けています。毎回の授業後に振り返りミーティングを行い、春と夏に合宿をします。この機会を通じて、授業の改善点を見つけ、新たな目標を設定します。まだまだ改善の余地はありますが、私たち自身が「自分らしさを活かした全員発揮のリーダーシップ」を発揮することがより良いプログラムにつながると考えています。

　○より詳細を知りたい方は、サイトをご覧ください

参観を希望される方は専用サイトからお申し込みください。
サイトURL http://cob.rikkyo.ac.jp/blp/2982.html
※参観対象者の詳細等はWebサイトをご確認ください。参観プログラムの 　詳細は予告なく変更することがあります。

授業の詳細は動画をご覧ください。
サイトURL https://www.youtube.com/ playlist?list=PLA689E942BA450FE2

CASE 4 クレディセゾン

志賀正樹さん

震災後、東北の三陸鉄道と
クレジットカード会員をつなぐ支援
プロジェクトを実現

CASE 4は、非役職者の立場で、権限や役職の力に依存せず、人々の新たな課題解決をもたらす新たな取り組みを、多様な他者と連携しながら推進した個人の方の事例です。

今回掲載するクレディセゾンの志賀正樹さんの事例は、2017年に筆者らが大手企業10社11名の方にインタビューにご協力いただいて作成した『インフォーマル・リーダーシップ涵養のための提言』という報告書に掲載されている11名のなかのお一人です。11名の方には、共通する18の質問に対してインタビューをしました。同報告書には、性別、業界、職種、年齢が様々な11名が、役職に就いていない立場で発揮したリーダーシップ事例がまとまってします。志賀さんのCASEをきっかけに、興味をもたれた方は報告書で残り10名の事例についても読んでみてください（P166参照）。

●志賀さんの取り組みの概要

　2011年3月に起きた東日本大震災。29歳だった当時、クレディセゾンの東京支店（現：東京支社）に所属していた志賀正樹さんは、震災直後に東京を飛び出して現地を歩き、企業がすべきことは何かを考え、自分の直接的な業務ではありませんでしたが、三陸鉄道への支援を決意しました。

　ほどなく三陸鉄道に支援を申し出ましたが、当時は多数の企業や団体が支援の申し入れをしており、現地は混乱状態。なかには売名目的の提案などもあったため、なかなか関係者に会ってもらうことができなかったといいます。まずは、クレディセゾンの東北支店（現：東北支社）から支援のアプローチをしましたが、一度は断られます。しかし、志賀さんはそこで断念せず、「力になりたい」という一心で、別の人脈を頼って三陸鉄道の社長や現地の地主を紹介してもらい、支援策についての一斉プレゼンの機会を得ました。社内の関係者に加え、岩手県庁や政府の災害対策本部など、組織を越えた多くの人々の協力を得、セゾンカードの会員と被災地東北をつなぐ様々な復興支援を実現。寄付を募って「三陸鉄道の枕木にネームプレートを付ける」「被災レールをオブジェとして配る」などのアイデアを形にし、2014年9月時点までに6,447万円を集めました。

　のちに社内からもこの活動が評価され、2012年全社表彰式（年1回開催）にて、全社員の投票によって選出される「レジェンド・オブ・クレディセゾン（最優秀賞）」を受賞。この賞は、全社の中から、未来に語り継いでいきたい主体的行動や姿勢、会社の名誉となる功績や組織活性に大きく寄与した活動に贈られる賞です。

　では、志賀さんの取り組みやその背景について18の質問への回答を通して確認してきましょう。

●取り組みのきっかけ

Q1：取り組みに着手しようと思った**きっかけ**は何だったのですか？

　A：三陸鉄道のことは以前から知っていて、車窓からの景色の素晴らしさなども知っていたので、震災が起きたときに何か自分でもできないかとすぐに考えました。

Q2：日頃から会社や社会の**現状**や**未来**について**問題意識**をもっていたのですか？

　A：震災が起きる前から、「営利企業の活動を通して、社会貢献を実現する」ことを、自分のライフテーマに掲げていました。

Q3：人任せにせず「**自分ごと**」と受け止めて取り組みをはじめた**理由**はなぜですか？

　A：自分のライフテーマを追求するために、仕事を続けながら大学院に通いはじめ、企業の社会貢献について研究をはじめたタイミングで震災が起きました。大学院には同様のテーマで研究している人が集まるため、そういった人たちと活動をすることも考えましたが、クレディセゾンの「クレジットカー

ド事業」というインフラを活用して何かできることがあるのではないかと思ったのです。

被災地（東北）が本当の意味で復興をするためには、一時的な寄付ではなく観光インフラを立て直すことが大切だと考えました。クレジットカードサービスというインフラを有するクレディセゾンに所属している自分だからこそできる観光インフラへの支援策があるのではと考えました。

Q4：物事を「自分ごと」として受け止め**行動を起こすようになっ**た**のは何による影響**だと思いますか？

A：両親に聞くと、小さい頃からとことんやる傾向があったようです。僕は兄と二人兄弟なのですが、兄が従順だったのに対し、僕は、「これはやっちゃダメ」と言われても「なんで？」と納得できるまで質問して、納得できなければ自分がやってみて失敗するまで続けている子供でした（笑）。

今、振り返ると、学生時代に英会話教室で営業のアルバイトをした経験も大きく影響しているように思います。パンフレットをもらいに来た人に教室の説明をする仕事をしていたのですが、「どうすれば人の協力を集められるか」「どういう話し方をすれば相手の気持ちが動くか」を必死で考えていました。課題に直面したときに考え抜いて工夫して解決する、という原体験は大きく影響しているように思います。

Q5：**過去にも物事を「自分ごと」と受け止めて行動を起こした経験**はありましたか？

A：セゾンカードを通じてユニセフやユネスコへの寄付を呼びかける「愛あるプロジェクト」を自ら企画し、社内外の協力を得て主導したことがあります。このプロジェクトも、三陸で

の活動も自分の直接の業務ではなかったため、must（仕事でやるべきこと）、can（自分ができること）、will（自分がやりたいこと）のうち、「must（仕事でやるべきこと）をきちんとやったうえでできるならやってみろ」と上司が言ってくれたので、mustをやりきったうえで活動しました。

Q6： ご両親はどのようなお仕事をされていたのですか？

　A： 父は地方公務員です。企業でバリバリ働くタイプではありませんでした。母は印刷会社でパート勤務をしていました。

Q7： 当初のアイデアと最終的な実現の形はどの程度近いものですか？　アイデアが磨かれていく際にポイントとなったのは何でしたか？

　A： 最初から、最終形のアイデアが明確だったわけではありません。いろいろな人と話をしていくなかで実現の形が磨かれていきました。自分の力だけで何とかしようとせず、周囲の人の力を借りてより良い形を模索していったことがポイントになったのだと思います。

●周囲の巻き込み力

Q8： 関係者から協力を得るにあたり工夫したことや大事にしたことはありますか？

　A： 人は自分へのメリット（収益性）がないとなかなか行動に移してくれません。それは社内でも社外でも同様です。会社の視点に立つと、「収益性」「利益」に目が行くのは当然の論理です。ですから、会社の資源や仕組みを使って何かをしようとするときには、いつもそのことを意識します。人を説得す

るときでも、会社を説得するときでも、他の組織を説得するときでも、「これを実行することで、その人、会社、その組織にどんなメリットがあるのか」が伝わるよう意識してプレゼンをしています。

もう1つ大事にしていることは、「人は誰でも善意の心をもっている」ということです。「誰かを助けたい」「いいことをしたい」という根源的な欲求は誰しもがもっています。だから、個々の胸の奥にあるその善意に灯をともすような伝え方ができれば、たいていのことは協力してもらえると思っています。

Q9：取り組みの過程で関係者と<u>意見がぶつかったとき</u>には、何に心掛け、どう対処しましたか？

A：自分の意見だけが正しいとは思っていません。だから、何か課題があったときには、こちらの意見を一方的に押し通すのではなく、「一緒に考えること」を大事にしています。課題や問題に直面したときには、「志賀の問題でしょ」で終わってしまわないように、「どうしたら解決できますかね」「自分ではできないので一緒に考えてくれませんか」と、相手と自

分にとって共通の問題となるようにコミュニケーションを重ねるようにしています。

Q10：各協力者の**強みややる気を引き出すために留意した点**は何ですか？

A：自分のお願いをそのまま伝えても、相手は面白いと思いません。やらされていると感じます。相手の不平不満に真摯に耳を傾け「どうすれば突破口が開けそうでしょうか？」と意見を求め、一緒に考えていくうちに、気づいたら自分ごととして取り組んでいた…という状況にもっていけるのがベストだと思っています。その過程で相手の強みもわかってきます。

　もう1つは、強がらないことです。頼られて嫌な気になる人はいないので、「僕一人ではできないんです、助けてください」と自分の弱みを素直にさらけ出すようにしています。そうすると、「やってあげなきゃ」と思ってくれる人はたくさんいますし、特に目上の人は、素直に助けを求めると支援の手を差し伸べてくれることが多いです。

●実現までのプロセス

Q11：実現までのプロセスでの**失敗や苦労**したことはどんなことですか？　それをどう乗り越えましたか？

A：まず、現地の三陸の方々の理解を得るのが難しかったです。国の補正予算も決まっていない状況だったので、そもそも本当に三陸鉄道の復興ができるのか確証が得られない段階でした。また、その後の社内調整でも「どうして東京支店の志賀がそんなことをやっているんだ」「そんなことをやっ

ている場合じゃないだろう」という声がたくさん挙がりました。そういった人に１つずつ説明をしていったのですが、必ずしもすぐに理解を得られたわけではありません。関わる人の数が多いほど物事を進めるのは難しいと痛感しました。

　風向きが突然変わるようなことはありませんでしたが、徐々に輪が広がり、協力してくれる人が増えていくのは日々感じていました。取り組みが実現できたのは僕一人の力ではありません。東北の支店長に話をして賛同してもらうと、支店長が自分の人脈を使ってくれたり、僕が社外の人脈を使って協力をお願いすると、その人から輪が広がっていったりしました。「理解してくれないならそれでいい」と袂を分かつのではなく、協力者を一人ずつ増やしていくことが大切だと実感しました。

　元々の自分のmustの業務と両立するのも大変でしたが、関係者とはコミュニケーションを密にとることを意識し、電話やメールはすぐに返すよう心掛けました。社外にいるときでも常に「今何をすべきか」「明日は、来月は何をすべきか」と頭の中で考え、会社にいるときは作業に集中する時間とし、業務の効率化を図りました。常に３、４個の企画を担当していたため余裕はありませんでしたが、「三陸支援」という企画が１個増えたところでどっちみち大変なことに変わりはないと思って挑戦しました。

Q12：難局に直面しても**気持ちを維持できた理由**、モチベーション維持のための工夫はありますか？

　A：心が折れそうになることは何度もありましたが、自分の支えになっていたのはとにかく「約束を守る」ということだけでした。自分が途中で逃げたり、やると言ったことをや

らなかったりすると、信用して協力してくれた人たちの期待を裏切ることになります。失敗するのは仕方がありませんが、一度やると言ったことから逃げてはいけないと思っていました。

Q13：活動が尻すぼみにならず、長期的な取り組みとして**続いていくために工夫**したことはありますか？

A：一時的な活動で終わらせないためには、会社に「続けたい」と思ってもらうことが重要だと企画段階から考えていました。社会貢献の側面だけではなく、継続することによる会社にとってのバリューを考えてはじめなければ、途中でつぶれてしまうと思います。

　もう1つは人です。異動などで自分がいなくなった後も活動が続いていくようにするためには、自分だけでやっていては限界があります。あちこちで主体となって活動してくれる協力者を作っておくと、その人たちが何らかの形で活動を続けていってくれます。僕は2012年の夏からは異動でベトナムに赴任したのですが、社内で様々な人に思いが受け継がれていったので、現在でも活動が継続しています。

Q14：取り組みを実現させたことで**自分や周囲への変化**はありましたか？

A：活動が軌道に乗るまでは、「この会社でやるべきことか」「なぜ東京の志賀が」など様々な意見もありました。しかし、コミュニケーションを重ね、活動を続けていく中でたくさんの方の協力や理解を得ることができました。社内の「レジェンド・オブ・クレディセゾン（最優秀賞）」は、候補を挙げるのは役職者ですが、最終選出は、全社員の投票で決

まります。結果的に、社員の多くの人々が「良い取り組み
だった」と言ってくれて、「会社を誇りに思う」という声を
かけてくれる人もいて、諦めなくてよかったと、とてもう
れしかったです。

●自身のあり方

Q15：仕事をするうえで**大切にしている価値観や考え方**はありま
　　　すか？

　A：　「営利企業の活動を通して社会貢献を実現する」のが自分
　　　のテーマです。こう考えるようになったのは、大人になる
　　　につれて「自分は大した人間ではない」と実感するように
　　　なったからです。小さい頃は自意識が強くて、自分のため
　　　に生きていました。でも、たくさんの人と関わっていくな
　　　かで、「人と関わるには相手を理解する必要がある」という
　　　ことに気づいて、経験を積み重ねていくうちに、徐々に社
　　　会に目が向くようになりました。

　　　　周囲には自分よりも高い能力をもっている人がたくさん
　　　います。そういう人たちが何かのきっかけで「世の中を良
　　　くしよう」という方へベクトルを向けたら、今よりももっ
　　　と世の中は生きやすくなるし、みんなが幸せになれるので
　　　はないかと思います。自分の動きがきっかけの１つになっ
　　　て、各分野で高い能力をもつ人たちの活動や取り組みを誘
　　　発できれば、「やってよかったな」と思った人がまた他の人
　　　に何かを返すようになり、もっといい世界が作れるかもし
　　　れない。それが何かのきっかけになって、誰かが救われた
　　　り、紛争が１つ止まったりすることもありえるかもしれな
　　　い。そうやって何かにつながれば、「生きててよかった」と

思えるのではないかなと思うんです。

Q16：仕事人生を通じて実現させたい**長期的な目標やキャリア展望**はありますか？

A：次にやりたいことは自分の中には明確にあります。どのような形で実現するべきかはまだ精査が必要な段階ですが、クレディセゾンは大きな可能性をもつ会社なので、今はその枠を使って自分のやりたいことを実現したいと思っています。

新人の頃から、常に2年、3年、5年、10年先の自分の目標を考えるようにしていました。今振り返ると、かつての自分が思い描いたとおりになっているので、面白いなと思います。

Q17：**自分の強みと弱み**は何だと思いますか？　活動にはどう影響しましたか？

A：強みは、営業力です。言葉でメッセージを伝えて、「それ、

東北での取り組みの後は、社内の新プロジェクト公募にチャレンジし、ベトナムで新規事業を主導。

面白そうだね」と相手に思ってもらい、協力を得るのは得意なほうだと思います。

　弱みは、細かいところをきちんと考えないままに話してしまうため、企画に賛同してもらっても、実際に計画に落とし込む段階で穴が見えてくることがあることです。その穴を見つけて指摘してくれる人を巻き込まないと、実現にこぎつけられません。自分一人では何もできないのですが、自分が完璧ではないということを知っているからこそ、周囲の協力を得られるのだとも思っています。

●組織・上位者のあり方

Q18：取り組みを実現させるうえで、**会社の風土や、上司・上位者のあり方**はどう影響しましたか？

　A：これまでいろいろな上司・上位者と仕事をしてきましたが、頭ごなしに反対する人はいませんでした。「なぜ？」や「本当にやるべきか？」という問いを投げかけられることはあっても、どんなことでも、まずは意見を聞いてくれました。mustの責任を果たしたうえでですが、会社も「やれるならやってみろ」という方針だったので、挑戦しやすい環境で、とても恵まれていると思っています。

志賀正樹さんプロフィール

　2006年クレディセゾンに入社し、債権管理部AC二課に配属。その後、東京支店営業二課、東京支店営業計画課にて、営業業務、企画業務に従事し、2012年より海外事業部。同年5月にベトナム ハノイオフィスを立ち上げ、現地に赴任。2020年3月現在はグローバル事業部（インド担当）担当部長。

おわりに

　本書は、リーダーシップを発揮する立場にある方、あるいは、リーダーシップ教育に関わる方たちが、リーダーシップの基本・最新理論を学び、現場での実践に活かせるよう、アカデミックな裏づけを示しながらも、わかりやすく理解できる構成でまとめようという企画からスタートしました。

　研究の裏づけのある理論を、実践につながる内容と交差させながら編んでいく過程は試行錯誤の連続でした。

　そのなかで、現場での実際の教育・実践の様子を、臨場感をもって伝えられる事例は、本書に欠かさざるものでした。本書を執筆するにあたって、現場での教育・実践事例を惜しみなくご提供くださった、ＩＢＭの伊奈恵美子さん、一ノ瀬はづきさん、ジュピターショップチャンネルの鈴木紀子さん、高嶋敦子さん、クレディセゾンの志賀正樹さんに、この場を借りて、心より感謝いたします。皆さんの貴重な時間をいただき、実施させていただいたインタビューにより書籍としてまとめることができました。

　そして、リーダーシップへの興味の最初の扉を拓いてくださった恩師の高橋潔先生、リーダーシップへの更なる探究を後押ししてくださった最初の上司である長谷川隆さん、米国ＣＣＬとの協働研究機会を作ってくださった渡辺京子さん、リーダーシップの最新の知見を共有してくださったＣＣＬのシンシア・マッコーリーさん。皆さんとの出会いがなければ、私のリーダーシップへの探究心が広がっていくことはありませんでした。貴重な出会いとご支援の数々にとても感謝しています。本当にありがとうございました。

　本書の共著者である舘野泰一先生にも深く感謝いたします。舘野先生の立教大学でのリーダーシップの教育・研究活動への熱意に触れ、全ての人に関わるリーダーシップというテーマにますます夢中

になっていきました。研究のための研究ではなく、現場という届け先にしっかりと還元する研究・教育活動を先生の実践から学べたことは私の財産です。

　そして、本書を執筆するにあたり、インタビューに同行し、本書の企業ＣＡＳＥ部分のもととなる原稿を整理してくださったアプレコミュニケーションズの菊池壮太さんに感謝申し上げます。更に、本書制作のご支援をくださった出版部の黒川剛さんにお礼を申し上げます。

　ここにお名前を載せられなかった方々を含め、この本は数多く方のご支援と励ましによってできました。支えてくださった全ての方々に深く御礼申し上げます。本当にありがとうございました。

　リーダーシップというテーマに出会い、学びを進めるにつれ、自分自身を省みます。「リーダーシップを語る自分は、それを実践できているのか」と。正直、この旅はまだまだ果てしなく続きそうです。しかし、リーダーシップの研究知見に触れ、実践を試みる過程を通じ、自分がわずかずつでも前進している実感を得ます。

　本書を通じ、リーダーシップというテーマに出会うことで、より多くの方々の人生がより豊かなものとなることを願って…。

2020年3月10日

堀尾志保

[著者紹介]

堀尾　志保（ほりお　しほ）　　　　　　　　　　（第1章、第2章）

株式会社日本能率協会マネジメントセンター リーダーシップ開発部 部長
立教大学経営学部 兼任講師　日本大学商学部 非常勤講師
高校時代に財団法人日本国際交流財団派遣生として米国に留学。立教大学大学院経営学研究科博士後期課程修了。博士（経営学）。現職では、米国リーダーシップ研究機関Center for Creative Leadershipなど海外研究機関との渉外業務に加え、企業の管理職、リーダー人材を対象とした教育企画や調査研究に従事。主な著書に『コンピテンシーラーニング』（共著）（日本能率協会マネジメントセンター）などがある。

舘野　泰一（たての　よしかず）　　　　　　　（第3章、第4章CASE3）

立教大学経営学部 准教授
青山学院大学文学部教育学科卒業。東京大学大学院学際情報学府博士課程単位取得退学後、東京大学大学総合教育研究センター特任研究員、立教大学経営学部助教を経て、現職。博士（学際情報学）。リーダーシップ教育に関する研究・実践を行っている。主な著書に『リーダーシップ教育のフロンティア（研究編・実践編）』（編著）（北大路書房）などがある。

これからのリーダーシップ
基本・最新理論から実践事例まで

2020年4月10日	初版第1刷発行
2024年4月20日	第3刷発行

著　者 —— 堀尾志保、舘野泰一

　　　　　©2020　Shiho Horio , Yoshikazu Tateno

発行者 —— 張　士洛

発行所 —— 日本能率協会マネジメントセンター

〒103-6009 東京都中央区日本橋　2-7-1 東京日本橋タワー
TEL 03（6362）4339（編集）／ 03（6362）4558（販売）
FAX 03（3272）8127（編集・販売）
https://www.jmam.co.jp/

装　　　丁 ——	野田和浩	
本 文 DTP ——	株式会社明昌堂	
イラスト ——	大森庸平	
図版・取材協力 –	株式会社アプレコミュニケーションズ	
印刷・製本 ——	三松堂株式会社	

ISBN 978-4-8207-2784-2 C2034
落丁・乱丁はおとりかえします。
PRINTED IN JAPAN

エグゼクティブ・リーダーのための100日間アクションプラン

GEORGE B.BRADT 著
JAYME A.CHECK 著
JOHN A.LAWLER 著
中原　孝子 訳

A5判　276ページ

本書では働く場自体も大きく変わるなか、従来の環境・リモート環境・ハイブリッド環境それぞれの場で文化を築き、リーダーシップを発揮する方法について、新しい洞察、実例、実践的なアドバイスが盛り込まれている。

成人発達理論による
能力の成長
ダイナミックスキル理論の実践的活用法

加藤　洋平 著

A5判上製　312ページ

私たちの知性や能力の成長プロセスとメカニズムを専門的に扱う「知性発達科学」の知見に基づきながら、私たち各人が持つ様々な能力という「種」が、どのように「実」になり、「花」を咲かすのか、その方法について解説します。

日本能率協会マネジメントセンター